本书为广东省哲学社会科学"十三五"规划2020年度后期资助项
个性化训练模式应用研究"（GD20HTY01）研究成果。

基于循证实践的
个性化训练模式应用研究

申　霖 ◈ 著

郑州大学出版社

图书在版编目(CIP)数据

基于循证实践的个性化训练模式应用研究 / 申霖著.
郑州 : 郑州大学出版社, 2025. 1. -- ISBN 978-7
-5773-0709-1

Ⅰ. G861.42

中国国家版本馆 CIP 数据核字第 20248XZ320 号

基于循证实践的个性化训练模式应用研究
JI YU XUNZHENG SHIJIAN DE GEXINGHUA XUNLIAN MOSHI YINGYONG YANJIU

策划编辑	胥丽光	封面设计	王 微
责任编辑	马云飞	版式设计	苏永生
责任校对	胥丽光	责任监制	朱亚君

出版发行	郑州大学出版社	地 址	河南省郑州市高新技术开发区
出 版 人	卢纪富		长椿路 11 号(450001)
经 销	全国新华书店	网 址	http://www.zzup.cn
印 刷	郑州宁昌印务有限公司	发行电话	0371-66966070
开 本	787 mm×1 092 mm 1 / 16		
印 张	10.75	字 数	215 千字
版 次	2025 年 1 月第 1 版	印 次	2025 年 1 月第 1 次印刷
书 号	ISBN 978-7-5773-0709-1	定 价	56.00 元

本书如有印装质量问题,请与本社联系调换。

国内训练学理论体系中,训练方法主要被归纳为训练控制方法与训练基本方法两大类别。模式训练法作为训练控制方法的一种,凭借其规范性目标模型的训练要求被一线教练员所广泛认可,并应用于竞技体育与学校运动训练之中。尽管模式训练法在模块化和程式化方面具有显著优势,但其在处理运动员个体差异,特别是对高水平运动员个性化特征的关注上存在不足。广东皮划艇队作为国内水上运动的传统强队,其运动员在奥运会、世界锦标赛及全国锦标赛等重大赛事中屡获殊荣,彰显了广东皮划艇队在竞技体育领域的强劲实力。针对上述问题,本书提出"个性化训练模式"的概念,以"竞技潜能元模型(PERPOT)"和"循证实践"为理论支撑,对广东皮划艇队中达到一级以上水平运动员的个体特征进行细致研究,力图构建一个能够指导优秀运动员训练进程的关系模型。

本书以广东皮划艇队优秀运动员群体为研究对象,运用文献资料法、专家访谈法、数理统计法等多样化的研究方法,对运动员的体能、技能和心能特征进行了全面而系统的分析,旨在为运动员个体竞技能力的提升提供一套科学的修正方案与调整策略。以影响运动员竞技水平的核心指标为分析要素,本研究合理运用数理统计方法,深入分析了影响运动员个体成绩提高的主要因素指标参数与运动员不同能力表现值之间的关系。通过概念模型的建立、确认性分析、结构模型的通径分析和回归分析,最终确定适应不同个体特征运动员的个性化训练模式。本研究不仅为竞技体育领域和高校高水平运动队的训练工作提供了理论参考与实践借鉴,而且为我国体能主导类项目的训练理论发展提供了新的视角。

本书深入分析训练学基础理论,并将其应用于广东皮划艇队运动员的实际训练,实现了理论与实践的融合。通过体能、技能和心能三个维度的综合评估,构建了多维度评价体系。利用数理统计和实证研究,确保了研究结果的科学性和准确性。本书借鉴"循证实践"理念,提升了训练模式的针对性和有效性;内容结构层次分明,从问题提出到模型构建,再到实践应用,逐步深入,对传统训练模式进行了创新,为竞技体育和高校运动队训练提供了理论指导和实践参考。

本书是在笔者博士论文的基础上,进一步深入研究完善而成。笔者在博士论文写作阶段受到导师胡亦海教授的耐心指导,在研究过程中,得到了广东皮划艇队全体人员的大力支持,从数据收集、整理,到研究结果的求证,都得到广东皮划艇队全体工作人员的无私帮助,在此谨向耿永昊领队、唐胜宏教练、钟金汝教练、吴玉彪教练、宋秋容教练、朱礼田教练、原有湖教练、季健民研究员表示诚挚的感谢! 感谢武汉体院徐菊生教授的指导! 感谢俞银、高平、段振华等同门师兄弟的指点与无私帮助,感谢清华大学化工系 2014 级博士常宽的协助。最后,感谢本书引用文献的所有作者!

由于编写时间及笔者能力有限,书中难免存在不足之处,敬请各位读者与同行批评指正。

申　霖

2024 年 3 月

目录

第一章

绪　论

辩证唯物主义认为,客观物质世界是可知的。人类不仅能够认识客观物质世界的现象,而且能够通过现象认识其本质。认识来自实践,又反过来指导实践,实践与认识之间不断循环往复的过程是一切科学理论的共性。

训练学是关于某一单项、某一项群或所有运动项目的训练与竞技规律的知识理论,无论何种层次的训练理论,训练与竞赛活动的主体都是具有复杂生命活动特征的运动员人群,其在训练过程中自身运动表达形式与功能活动特征受到多种处于不同层次,且具有相关联系的因素制约,因此在对人体这种庞大而复杂的系统进行研究的过程中,为了保证对其功能特征描述的科学性与完整性,常需采用类似"黑箱法"的研究方法来进行。即从特定输入及其变化与特定输出及其变化的观测资料,判断输入与输出之间的特定关系和变化规律,据此达到调节输入以控制输出,使研究主体达到或维持某种理想状态值的目的。

以优秀皮划艇运动员为研究对象,利用"黑盒法"的基本原理,根据研究对象在长期专业训练过程中,在接收到特定外部信息后,表现出相应特征值的特点。通过定性分析与定量研究的方法,对这些特征值进行系统研究,以循证思想及现有基础学科理论成果为依据,总结出优秀皮划艇运动员在其竞技能力的长期发展过程中所表现出的某些特征规律,以此构建出优秀皮划艇运动员的个性化训练模型。本书成果可帮助皮划艇静水及相关体能主导类项目从事人员从"循证"、"个性化"角度认识该项目优秀运动员的训练特点,理解优秀运动员的共性规律与个性化特征,从而为运动员提高竞技能力、实现运动成绩的提升提供系统目标,为我国体能类基础大项的可持续发展提供一定的理论依据与支撑。

一、选题缘由

(一)我国体能类基础大项水平不高

在 2008 年北京奥运会上,中国体育代表团凭借主场优势,共获得 51 金、21 银、28 铜的佳绩,历史上首次位居奖牌榜首位;在2012年伦敦奥运会上,中国队虽处异地作战,亦斩获了38金、27银、23铜,位居奖牌榜第二;在2016里约奥运会上,中国队成绩有所下滑,共获得26金、18银、6铜,位列奖牌榜第三;在2021东京奥运会上,中国队又获得了38金、32银、18铜的境外奥运会比赛最好成绩。从近几届奥运会中国体育代表团的获奖情况来看,中国选手在奥运竞技舞台上已经确立了绝对领先地位,但从奖牌的项目分布情况上可以看出,我国选手在奥运会基础大项上相对实力匮乏,夺金项目多来自体操、跳水、举重、乒乓球、羽毛球、射击等项目上,这些项目绝大多数属于身体技巧性运动,在训练中与动作熟练性的巩固程度高度相关。

从第29届夏季奥运会开始,田径、游泳、水上三个基础大项的金牌数已达到了122枚(田径47枚、游泳34枚、水上41枚),约占奥运金牌总数的三分之一,由于其中大部分比赛项目属于体能主导类项目,因此这些项目的竞赛水平更能体现一个国家竞技体育实力的高低,在世界上具有更广泛的影响力。为了改善我国竞技体育发展现状,在悉尼奥运会之后,根据当时的成绩情况我国就已提出了"119工程",即在当时奥运项目上金牌数总和为119枚的田径、游泳和水上这三个大项上进行突破;从中国奥运代表团在这些项目上的历史成绩来看,2000年悉尼奥运会中国只在田径项目中获得一枚竞走金牌;2004年雅典奥运会中国在田径上获得2枚金牌、在游泳和水上各获得1枚金牌;2008年北京奥运会上,中国只在水上项目上获得3金;2012年伦敦奥运会上,中国在田径上获得1枚金牌、在游泳项目上获得5枚金牌、水上项目上获得1枚金牌;2016年里约奥运会,中国田径2金、游泳1金;2021年东京奥运会上,田径2金、游泳3金、水上3金;整体来看,中国在基础大项上的比赛成绩呈逐步提升趋势,但考虑到中国运动员在此类项目的训练上多依靠外教,且与国外运动员相比,我国选手在训练时间与训练条件保障上的投入较大,因此总体训练效益较低,说明我国在此类项目上的水平仍有待提高。

(二)我国皮划艇训练体系构建仍不完整

皮划艇静水作为典型的基础体能主导类项目,在夏季奥运会比赛中共设有12枚金牌,包括男、女皮艇及男子划艇两类项目,从国家体育总局最早提出的"119工程"开始就已是重点发展项目。由于我国水上运动起步较晚,皮划艇静水一度为国内较落后的体能类项目之一,从中国皮划艇队参加世界比赛的成绩来看,1992年的巴塞罗那奥运会上,中国女子四人皮艇500m名列第五;在1995年的世界锦标赛上,由徐菊生教练带领的中国女子四人皮艇历史性地获得了500m比赛银牌,这也是迄今为止中国本土教练所带国家队的最好成绩;1996年亚特兰大奥运会上,中国皮划艇队女子四人皮艇在500m比赛中仅以0.073s的差距名列第四;之后的中国皮划艇队开始走下坡路,甚至未能取得2000年悉尼奥运会的参赛资格,达到了最低谷;从2004奥运周期开始,中国皮划艇队开始重组,构建了以波兰籍外教克为核心、包含一批具有博士学历的教练及管理人员的新型团队,在这样一个既具有理论水平、又有丰富实践经验的团队共同努力下,中国皮划艇队在2004年雅典奥运会上取得了历史性的突破,获得了男子双划500m比赛金牌,并在2008年北京奥运会上成功卫冕;到了2012年伦敦奥运会,在没有外教的情况下,中国皮划艇队的最好成绩是女子双人皮艇500m第四名,成绩有下滑的趋势,但在21年东京奥运会上,中国皮划艇队扭转了这种颓势,取得了一金两银的历史最佳成绩,但与国外传统皮划艇运动强国相比,成绩起伏较大,且对外教的依赖性较强,不能如德国、匈牙利(表1-1、1-2)等国家长期保持优势,这也在一定程度上说明我国的皮划艇运动虽然在成绩上已达到了奥运冠军的层次,但在自身相应的理论研究、特别是对项目制胜规律的认知上,与欧洲传统皮划艇运动强国相比仍不够成熟与完善,还不能象欧洲传统强国那样自上而下有一个共同的概念认知、形成一个完整的训练体系。

表1-1　2000—2021奥运会皮划艇静水比赛奖牌榜

赛事年份地点	金牌	银牌	铜牌
2000 悉尼	匈牙利(4),德国(3),挪威、意大利(各2),罗马尼亚(1)	古巴、保加利亚、匈牙利(各2),俄罗斯、波兰、加拿大、瑞典、澳大利亚、德国(各1)	德国(3),罗马尼亚(2),波兰(2),加拿大、英国、以色列、澳大利亚、保加利亚(各1)
2004 雅典	德国(4),匈牙利(3),挪威、西班牙、瑞典、加拿大、中国(各1)	德国(3),意大利(2),澳大利亚(2),新西兰、匈牙利、俄罗斯、西班牙、古巴(各1)	加拿大、匈牙利、俄罗斯(各2),乌克兰、挪威、斯洛伐克、英国、白俄罗斯、波兰(各1)
2008 北京	德国、匈牙利、白俄罗斯(各2),英国、澳大利亚、俄罗斯、乌克兰、西班牙、中国(各1)	西班牙、德国(各2),挪威、匈牙利、丹麦、斯洛伐克、加拿大、意大利、俄罗斯、波兰(各1)	德国、澳大利亚(各3),加拿大、意大利、匈牙利、乌克兰、白俄罗斯、法国(各1)
2012 伦敦	德国、匈牙利(各3),挪威、澳大利亚、英国、乌克兰、新西兰、俄罗斯(各1)	西班牙、白俄罗斯、匈牙利(各2),俄罗斯、新西兰、乌克兰、英国、澳大利亚、挪威(各1)	德国、加拿大、俄罗斯(各2),白俄罗斯、波兰、捷克、南非、匈牙利、英国(各1)

续表1-1

赛事年份地点	金牌	银牌	铜牌
2016 里约	德国(4),匈牙利(3),西班牙(2),英国(1),乌克兰(1),新西兰(1)	德国(2),英国(1),巴西(2),阿塞拜疆(1),波兰(1),捷克(1),斯洛伐克(1),丹麦(1),塞尔维亚(1),法国(1)	德国(1),西班牙(1),乌克兰(1),新西兰(1),巴西(1),阿塞拜疆(1),波兰(1),捷克(1),澳大利亚(1),俄罗斯(1),白俄罗斯(1),摩尔多瓦(1),立陶宛(1)
2021 东京	新西兰(3),匈牙利(3),古巴(1),澳大利亚(1),中国(1),巴西(1),德国(1),美国(1)	中国(2),匈牙利(2),西班牙(2),波兰(1),意大利(1),德国(1),乌克兰(1),白俄罗斯(1),加拿大(1)	丹麦(2),德国、葡萄牙、匈牙利、英国、捷克、加拿大、摩尔多瓦、波兰、斯洛伐克、乌克兰(各1)

（数据来源于国际奥委会官网 https://olympics.com/en）

表1-2　1992—2021中国皮划艇队夏季奥运会比赛成绩

赛事年份地点	成绩
1992 巴塞罗那	女子500m双人皮艇,第七名;女子500m四人皮艇,第五名
1996 亚特兰大	男子1000m双人皮艇,小组赛被淘汰;男子500m双人皮艇,小组赛被淘汰;女子500m单人皮艇,半决赛第九未进决赛;女子500m双人皮艇,半决赛第八未进决赛;女子500m四人皮艇,第四名
2000 悉尼	未获得参赛资格
2004 雅典	男子500m单人皮艇,半决赛第八未进决赛;男子1000m单人皮艇,小组赛被淘汰男子1000m双人皮艇,半决赛未完赛;男子500m双人皮艇,半决赛第八未进决赛男子1000m单人划艇,半决赛第六未进决赛;男子1000m单人划艇,第九名男子1000m双人划艇,第九名;男子500m双人划艇,第一名;女子500m单人皮艇,第九名;女子500m双人皮艇,第四名;女子500m四人皮艇,第七名
2008 中国	男子500m双人划艇,第一名;男子1000m双人划艇,第九;男子500m单人划艇,第九名;男子1000m单人划艇,半决赛第六未进决赛;男子500m双人皮艇,半决赛第八名未进决赛;男子1000m单人皮艇,小组第八进半决赛;男子1000m双人皮艇,半决赛被淘汰;男子500m单人皮艇,半决赛小组第七名未进决赛;女子500m双人皮艇,第四名;女子500m四人皮艇,第七名;女子500m单人皮艇,第九名
2012 伦敦	男子1000m双人划艇,第八名;男子1000m单人皮艇,未进决赛;男子200m单人皮艇,未进决赛;男子200m单人划艇,未进决赛;女子500m双人皮艇,第四
2016 里约	男子200m单人划艇,第七名;女子500m单人皮艇,第六名
2021 东京	女子500m双人划艇,第一名;男子1000m双人划艇,第二名;男子1000m单人划艇,第二名,第八名;男子1000m单人皮艇,第六名;女子200m单人划艇,第六名;男子1000m双人皮艇,第八名;女子500m四人皮艇,第六名

（数据来源于国际奥委会官网 https://olympics.com/en）

（三）运动员个性化特征与训练模式相结合的分析方法未曾应用

通过 CNKI 数据库和 Web of Science 数据库，以"个性化训练模式"、"个性化"+"训练模式""individual+training model""individual training model"等作为主题搜索词、篇名搜索词、关键词搜索词、篇关摘搜索词等进行检索，几乎检索不到相关内容，这说明该主题的研究目前在国内还几乎处于空白阶段。进一步分析可知，国内学者对运动训练学体系结构方面的研究较为丰富与全面，对运动训练学的学科体系框架建设问题的理论也较为成熟与系统化，例如有关专项、项群和运动员竞技能力结构模型的研究，特别是专项特征理论与竞技能力结构模型理论的理论有着较高深度；在国内训练学理论中，以"训练模式"为主题的理论研究成果，通常是以某项目中达到精英水平的运动员为对象，对这一对象集合的总体特征进行分析与研究，总结出具有严密层次性与结构性的系统目标来指导该项目青少年选手的训练，但对于优秀运动员本身来讲，这种研究成果只是对运动员现实训练要素特征的一种总结，对运动员下一阶段训练的调控所提供的反馈作用较为有限。面对这种理论研究现状，本书在传统训练模式理论基础上，通过循证实践的思想，以优秀运动员个性化特征为前提，结合训练模式的建构方式进行研究，本书利用国内训练学理论全面、系统、结构化等特点，结合国内外专项训练理论中对运动员某一方面训练要素深度分析的优点，以国内优秀皮划艇静水项目运动员为研究对象，对其个体竞技能力特征进行全面系统的总结，在此基础上构建出优秀运动员的个性化训练模式，研究成果将进一步丰富与发展皮划艇专项训练理论，同时也可为其他周期性运动体能类项目的理论研究提供借鉴。

二、研究目的与意义

（一）研究目的

本书研究的目的主要为以下三点：

（1）皮划艇静水项目运动员竞技能力特征模型的结构框架；

（2）建立皮划艇运动员竞技能力特征模型的层次结构要素表，并确定出主因素特征指标；

（3）根据确定出的皮划艇运动员主因素特征指标，以此为依据对研究对象优秀皮划艇运动员进行数据测量与收集，分析与描述不同运动员个体竞技能力发展规律，在此基础上构建优秀皮划艇运动员个性化训练模式。

(二)研究意义

1.理论意义

由于运动员的竞技能力具有整体性和不可分性,本书从系统科学的角度,以国内从事皮划艇静水项目的优秀运动员为研究对象,运用我国运动训练学的专项特征理论,结合竞技运动竞技能力结构模型理论的研究成果,从系统科学的角度首先研究皮划艇运动员竞技能力特征指标的结构框架,经数理统计后以指标权重的高低为依据、结合专家论证确定主因素指标,然后对我国优秀皮划艇运动员的竞技能力主因素特征指标进行分析研究与实践论证,最后总结出我国优秀皮划艇运动员竞技能力特征模型。本书整个内容体系体现了整体思路的逻辑性,由于将专项特征理论应用到皮划艇项目的研究中,体现了专项理论的创新性,不仅丰富了我国皮划艇项目训练理论与方法体系,也通过竞技能力特征理论在皮划艇项目中的实证研究,为我国竞技能力理论研究提供了新的例证。

2.实践意义

国内已有的对皮划艇运动员竞技能力特征的理论研究成果,选取的对象大都是已处于某一运动水平的运动员人群,如国家队层次、省专业队层次和市俱乐部业余运动水平层次的运动员,以此类对象得到研究成果,由于研究数据的相对静态性与层次性,因此不能代表整个皮划艇项目运动员的特征;而以优秀皮划艇运动员为研究对象的,也大都是以运动员竞技能力的某一方面特征、或竞技能力在某一阶段的表现为研究基础,研究周期较短,优秀运动员竞技能力特征的动态发展性与对比性不明显。本书的研究基础为广东皮划艇队从2006年至2013年两个全运备战周期中,达到健将水平运动员的相关训练数据,且由于广东皮划艇一直沿用外教及德国皮划艇的训练体系,从教练员团队到科医人员稳定,监控测试手段与训练方法较为严谨,且具有较好的系统性。本书所得到的研究成果,结合对研究条件的描述,将为教练员在今后的训练过程中进一步认识优秀运动员竞技能力特征、辅助教练员进行针对性的训练调控、提高训练效率,并为我国皮划艇运动员竞技能力的发展提供长期目标与阶段目标,同时,作为典型的体能类项目,从皮划艇项目上研究总结得到的理论成果也可以给其它体能类项目训练工作者以借鉴。

三、研究内容

(一)优秀皮划艇运动员竞技能力特征的模型框架

皮划艇静水项目优秀运动员的竞技能力特征可分为体能特征、技能特征、心能特征三个一级层次要素,而其中又可以分解出身体形态、生理机能、运动素质、专项技术、专项战术、专项心智力六个二级竞技能力因素方面。本书将按照专家调查法的原则,研究皮划艇静水项目优秀运动员竞技能力结构层次与要素之间的关系。研究中,我们力图按照普遍性和特殊性、一般性和专项性的原则逐渐细化,每一层依托上一层,并鲜明体现自身层次特点,直至细化至最后一层的各个要素,以鲜明体现优秀皮划艇运动员的专项竞技能力特征,从整体角度构建皮划艇静水项目运动员竞技能力特征的模型框架,构成皮划艇运动员竞技能力的"结构框架、类别层次、特征要素"体系,按照皮划艇运动对该项目从事运动员竞技能力要求的特点,分别构建优秀皮划艇静水项目运动员的身体形态特征、生理机能特征、运动素质特征、专项技术特征、专项战术特征与专项心智特征六种子模型,然后聚类构建生理机能特征、运动素质特征和心能与技能特征三种模型,进而构建出我国优秀皮划艇静水运动员竞技能力的综合特征模型框架。

(二)影响优秀皮划艇运动员竞技表现的主因素指标

特征,从概念上讲,是某一客体区别于其它事物的特点;模型是用以分析问题的概念、数学关系、逻辑关系和算法序列的表示体系。在本书中,竞技能力特征是指某专项运动员为参加比赛在长期训练过程中,在达到某一竞技水平后,运动员所具备的比赛能力综合性特征,由运动员所具有的不同表现形式和不同作用的体能、技能、战术能力、心理能力以及知识能力在某些内容(测试指标)上的具体表现特点构成;将这些反映运动员竞技能力内部特质及相互之间联系的特点用语言文字、逻辑推理等形式描述出来,就是该项目特定水平运动员的竞技能力特征模型。在构建出的优秀皮划艇运动员竞技能力综合特征模型框架的基础上,本书运用层次分析法、因子分析法等,根据权重筛选出皮划艇运动员竞技能力的主因素特征指标,通过定量分析与定性描述,归纳出我国优秀皮划艇运动员综合特征模型中主影响因素特征指标,即影响优秀皮划艇运动员竞技能力表现水平的代表性指标,最后以数据描述和语言定义等形式将国内优秀皮划艇运动员竞技能力的特征模型完整描述出来。由于竞技能力特征模型是通过对运动员在训练实践过程中所得到的具体测试指标的数值变化特点描述出来,分析其规律,将能够帮助广大训练工作者了解运动员竞技状态的内部形成规律和运作过程特点,以达到最大程度上控制训练结果的目的。

(三)构建基于循证的个性化训练模式

训练实践中,教练员设计、组织与实施整个训练过程,既具有科学性、又带有强烈的主观能动性。科学性是指教练员在进行训练决策时,必须遵从一定的人体科学规律,并通过理性客观的问题分析方法,以现实数据为基础做出研判;主观能动性是指无论何种训练目的,训练对象都是具有高度复杂性的人体系统,在每次训练决策中,教练员除了分析客观测试数据外,还要根据自身的知识经验,根据训练主体对不同训练负荷、训练方法及内容所表现出的个体差异性灵活地进行调整。为达到既能发挥出教练员的主观能动性,将教练员自身丰富的实践经验与项目制胜规律的认知应用在训练过程中,又能够通过现代科学技术的力量,利用相关仪器与设备收集与整理运动员现实状态中与竞技能力水平有关的指标数据,以生物学与统计学科的知识进行分析整理后,为教练员的训练决策提供科学依据,本书以优秀皮划艇运动员为研究对象,以总结出的影响优秀皮划艇运动员竞技表现的主因素指标为模式构建指标体系,对不同机体类型的优秀皮划艇运动员在接受一个高度相似的训练过程后表现出不同的训练适应性特征进行研究,根据针对不同运动员总结出的现实适应性特征制订出个性化训练方案,对其多个训练测试指标与不同专项指标之间的关系进行量化分析,从而构建出不同运动员的个性化训练模式。

四、研究方法

(一)文献资料法

为了解本书研究内容的国内外研究现状,本书基于 CNKI 数据库和 Web of Science 数据库。用"竞技能力特征"、"训练模型"、"训练模式"、"个性化"、"canoe sprint"、"training model"等中心词作为主题搜索词、篇名搜索词、关键词搜索词、篇关摘搜索词等进行组合检索,在对搜集到国内外相关文献资料进行处理后,用 Citespace5.6.R5 软件进行可视化分析,整理出有关训练模式的知识图谱,并对图谱内容进行进一步的分析与论证。

(二)专家访谈法

为获取关于结构设计、因素筛选方案、研究样本选取和训练模式的理论性问题与实践状况,笔者对两类人进行了访谈,一种是在高校及科研单位,从事理论工作的国内外训练学专家学者,从理论上收集关于本课题研究内容的权威观点和建议;二是从事一线皮划艇竞技训练工作的国内外高级教练员,主要从实践视角了解一线训练工作者对个体训练模式这一课题的看法和建议。在对皮划艇运动员竞技能力特征指标中体能部分指标的选取及应用原理分析过程中,与多位著名专家学者进行访谈交流,如在能量供应部分中,本人通过电子邮件和口头访谈的形式,向德国能量供应理论方面的专家 Ulrich Hartmann、宁波大学的陈小平教授、德国莱比锡大学的黎涌明博士进行探讨交流;在力量方面,就主因素指标分析的结果与英国 BioRow 公司的 Valery Kleshnev 博士、原举重协会主席万德光教授、美国 VSP 公司执行经理 Brandon McGill 进行求证。

在对皮划艇运动员竞技能力特征指标中技能部分指标的选取过程中,笔者利用各种机会与国内外专项教练员进行探讨。在技能主因素指标的分析过程中,笔者除了向多位相关专家学者请教外,还将结果拿出直接与运动员进行交流,以验证结果的可靠性。

在对皮划艇运动员竞技能力特征指标中心能部分指标的选取过程中,笔者向广东省体育科学研究所几名心理学专业毕业的研究生进行请教,特别是在后期的主因素指标分析过程中,笔者在与几名心理学的科研人员交流过程中得到了不少启发,这也保障了本书心能部分指标选取与分析的学术严谨性。

在本书题目确定及后期的写作过程中,笔者一直通过电子邮件等形式,对本书写作过程中遇到的问题与广东队前外教 Manfred 进行交流,并从 Manfred 处得到了大量的素材。这些素材大都为前东德的训练研究成果,由于前东德的训练体制与目前国内的训练体制较为相似,因此对本书研究国内优秀皮划艇运动员竞技能力来说可借鉴性较强。此外,笔者还利用参加国家级教练员培训班、省内教练训练研讨会及其他学术交流会议的机会,以从皮划艇运动员竞技能力特征研究中得到的对体能训练的认识、与其他相同或相似体能类项目的教练员进行交流,就本书中涵盖的相关问题进行讨论,听取一线优秀教练员们对本书的意见与看法,从而保障本书研究成果的实践性与可借鉴性(表1-3)。

表1-3 调查访谈对象一览表

姓名	性别	职称	职务	专业职业年限(年)
Josef Capousek	男		德国前国家队总教练	
Ulrich Hartmann	男		德国体科会分会主任	
Vladimir Issurin	男		以色列体科所所长	
Manfred ARNDT	男		前东德柏林划船中心主教练	
Brandon McGill	男		美国 VISP 公司执行经理	
陈小平	男	高级	宁波大学体育学院副院长	
黎涌明	男		德国莱比锡大学博士	
万德光	男	高级	前中国举重协会主席	
孟宪华	男	国家级	国家队领队	33
石严	男	国家级	前国家队总教练	28
曾庆兰	女	国家级	国家队教练	16
宋秋容	女	国家级	前国家青年队教练	24
唐胜宏	男	国家级	国家队女皮组主教练	25
陈建明	男	国家级	肇庆市皮划艇队主教练	32
徐菊生	男	高级	武汉体院竞技体院院长	32
薛冰	男	高级	深圳市皮划艇队主教练	21

续表1-3

姓名	性别	职称	职务	专业职业年限（年）
吴玉彪	男	高级	前国家队男皮组主教练	24
朱礼田	男	高级	前国家队男皮组主教练	12
王博	男	高级	国家队划艇组教练	15
钟金汝	男	高级	国家队划艇组主教练	25
原有湖	男	高级	前国家队划艇组主教练	11
毛国斌	男	高级	佛山市皮划艇队主教练	25
黄冠东	男	高级	广州市皮划艇队划艇组教练	16
勾学仕	男	高级	肇庆市皮划艇队划艇组教练	21
卢清华	女	高级	广州市皮划艇队女皮组教练	21

(三)现场测试法

对已确定的指标进行系统性收集,注意在收集数据的过程中,每次都要按照相同的程序与步骤,将数据采集时的内外部条件等影响因素尽可能详细记录下来,从而保证所收集的数据具有可对比性。从2006年到2013年,在广东皮划艇队备战十一届山东全运会和十二届辽宁全运会的训练实践过程中,积累了大量系统丰富的训练测试及生理生化数据。在2012年本书题目确定后,根据本书研究目的之需要,在广东省体科所的协助下,利用各种实验器材设备,有针对性地对在广东省训练的国内优秀皮划艇运动员进行了补充性的实验测试。由于广东队一直采用的是较为系统与严密的德国皮划艇训练体系,因此,可根据队伍的实际训练周期进度与阶段测试,对运动员进行水上专项与专项素质测试数据的收集与整理。广东皮划艇队从2006年开始便系统地使用250 m递增乳酸阈测试(详细测试方法与过程见附录5)来对运动员在不同阶段的竞技能力水平进行评价,测试人员为广东皮划艇队的全体教练员与固定的科医人员,测试团队较为稳定,因此数据具有较高的连续性与可靠性。此测试方法在广东皮划艇队每年都进行6～10次,但由于部分队员在四年期间入选到国家队训练,或者训练期间淘汰离队,因此,对于这部分的测试数据只选取参加测试较为系统完整的运动员数据进行分析。本书中的研究对象为广东省皮划艇队中具有健将运动等级的27名运动员,其具体情况列表如下,取得运动等级的时间以2014年截止为准。

表1-4 研究对象基本情况一览表

姓名	性别	出生日期	身高(cm)	体重（kg）	组别	项目	运动等级
HYL	男	1989	185	95	男皮	短组	国际健将
LD	男	1993	185	95	男皮	短组	健将
LZR	男	1993	187	93	男皮	短组	健将
PY	男	1989	187	99	男皮	长组	国际健将
WCY	男	1993	190	92	男皮	长组	健将
ZZH	男	1993	191	92	男皮	长组	健将
ZTH	男	1995	186	89	男皮	长组	健将
ZY	男	1989	187	86	男皮	长组	健将
ZFY	男	1991	192	94	男皮	长组	健将
BPF	男	1991	187	87	男皮	短组	健将
CCY	男	1993	193	88	男皮	长组	健将
LZY	男	1994	188	80	男皮	长组	健将
LC	男	1994	192	77	男皮	长组	健将
ZW	男	1991	184	84	男皮	短组	健将
WWQ	女	1993	167	66	女皮	短组	健将
GF	女	1988	179	79	女皮	短组	健将
GCY	女	1994	170	67	女皮	短组	健将
LPX	女	1991	175	71	女皮	短组	国际健将
KHL	女	1987	168	68	女皮	短组	国际健将
HJY	女	1991	175	72	女皮	短组	国际健将
LQ	男	1988	185	81	男划	长(短)组	国际健将
HMX	男	1990	186	93	男划	长组	国际健将
LWJ	男	1991	181	83	男划	短组	国际健将
XWY	男	1987	177	84	男划	长组	国际健将
ZQG	男	1984	184	83	男划	短组	健将
WRW	男	1993	181	81	男划	长组	健将
ZPF	男	1993	184	79	男划	长组	国际健将

（四）调查问卷法

为收集运动员个体特征对训练模式影响作用的数据，笔者设计问卷对部分教练员和优秀运动员进行调研，主要收集他们对个体训练模式构成要素的感知，以及他们对这种训练模式的态度,调研范围包括广东队和部分国家队教练员和运动员。本书采用了调查问卷的方法,具体做法是根据设计出的指标体系,设计问卷,以问卷调查形式向国内、国外皮划艇高级专家及所研究的对象——国际健将等级的运动员进行调查;使用问卷调查法,根据权重确定皮划艇优秀运动员竞技能力特征模型中的主因素。利用皮划艇国家队于2014年6月26日利用皮划艇国家队于2014年6月26日、27日两天在山东省日照市山东省水上运动管理中心进行的2014年皮划艇世锦赛和仁川亚运会参赛运动员的选拔竞赛的机会,和2014年6月25日、26日、27日三天在广州市龙塘广东国际划船中心进行的2014年广东省青少年皮划艇(静水)锦标赛的机会,向广大一线教练员和相关专家学者发放调查问卷。向国家队教练及广东省内具有高级以上职称的教练发放问卷17份,回收17份,回收率为100%。该调查问卷采用五等10级评分法,对所列出的所有指标进行赋值,赋值0为"不必要",赋值1~3为"不太重要",赋值4~6为"较重要",赋值7~9为"重要",赋值10则为"很重要"。经专家评分赋值后,按加权系数法,得到每个指标的加权系数,将加权系数与其它指标有明显差异的八级特征指标作为第一轮筛选的指标,以便进一步测试分析。本书运用"裂半法"(Split half)对问卷进行信度检验,得到"半测验"得分的积差相关系数 rhh 为0.919,经"斯皮尔曼—布朗"公式 $rtt=2rhh/(1+rhh)$ 加以校正后,Guttman 折半系数为0.958,表明专家填写的整个问卷的可信度较高。

(五)研究难点与创新点

1.研究难点

由于达到优秀水平的皮划艇运动员存在着显著的个体差异性,表现在竞技能力特征指标上都具有动态性与非衡性。以优秀皮划艇运动员为研究对象,以建立综合模型为目标的研究课题,需要对优秀皮划艇运动员竞技能力的不同能力类别的指标数据分别进行分析与描述,特别是反映优秀选手竞技能力中一些具有动态性的竞技能力特征指标的变化规律,要求选择这一题目的研究人员长期对研究对象进行追踪研究并收集大量的翔实数据作为构建模型的理论支持。此外,在构建竞技能力的综合模型过程中,需要此题目的研究人员对竞技能力的各个组成因素所代表的学术领域均具有较高的理论与认识水平,这给研究人员与本书写作过程带来极大的困难与挑战。

2.研究创新点

(1)以优秀皮划艇运动员为研究对象,将总结专家意见的定性分析法与注重客观数据分析的实验法相结合进行研究,运用层次分析法的基本思路构建出皮划艇运动员的结构层次要素图,力求体现出将竞技能力分解细化后,指标应具有鲜明的专项运动特征这一训练学思想。

（2）在构建出特征指标因素表后，通过相关数理统计方法，筛选出主因素指标，用定性分析与量化统计相结合的方法对主因素指标进行分析描述，期望这种基于循证构建出的优秀运动员个性化训练模式可对我国优秀运动员的训练工作提供借鉴。

五、技术路线

各种研究方法的技术路线如图1-1所示。

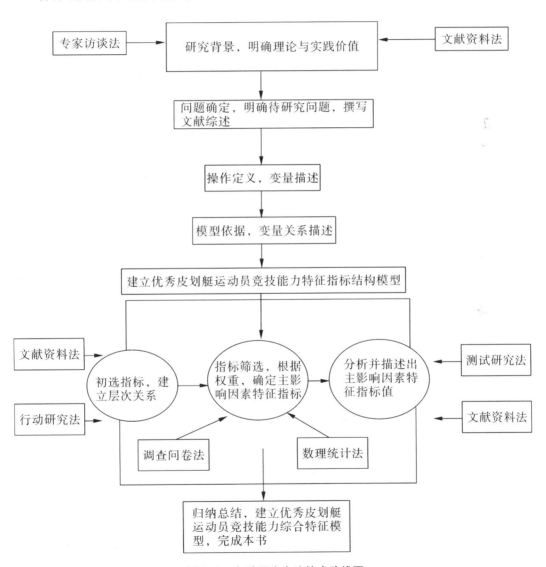

图1-1 各种研究方法技术路线图

　　本章以皮划艇静水项目为例,首先对与皮划艇运动员竞技能力相关的研究文献做了较为详细的梳理,对国外与国内在竞技能力概念的常见定义及理论出处、皮划艇运动员竞技能力相关因素、皮划艇运动员竞技能力特征模型的理论研究、国内外在此方面的理论研究进行了综述,并且对相关文献进行了述评;其次,为了达到最终构建出可以指导训练实践的个性化训练模式的目的,本章对竞技能力发展理论中从理论到应用层次所对应的"学说""训练模型"与"训练模式"的差异性与契合性、阶段性与连续性及其理论价值,阐释了从学说到训练模型再到训练模式中训练学功能与价值的变化,通过训练学理论中"基础研究、应用研究、开发研究"三个层次对竞技能力发展理论进行系统研究,得出超量恢复学说和应激适应学说属于训练中基础的理论研究层次,由这两种基本学说产生了多种直观、抽象的经典训练模型,在训练模型的基础上,不同教练员根据本项目特征形成特色性的训练模式;在厘清"学说""训练模型"与"训练模式"之间的层次关系的基础上,为本书开展以训练模式为理论基础对优秀运动员群体进行有针对性、区别对待的个性化训练学提供研究角度。

一、国外对皮划艇运动员竞技能力特征模型的研究现状

　　国外对运动员竞技能力,特别是竞技能力结构与组成要素研究的理论成果,在国内通过文献及网络数据库通常可查阅到的定义如表2-1所示。

表2-1　国外常见竞技能力概念与构成定义

序号	定义	出处
1	运动员运动水平的现实状态包括素质、技术、心理三个方面	曼弗里德·葛欧瑟(德国).运动训练学.北京体育学院教务处编印,1983

续表2-1

序号	定义	出处
2	运动成绩主要取决于竞技能力和竞技准备。竞技能力有赖于运动员的身体能力、技术和战术的熟练性、智力以及知识和经验	迪特里希·哈雷(民主德国).训练学——运动训练的理论与方法学导论.蔡俊五译.人民体育出版社,1985
3	"训练水平"通常是指在训练的影响下,运动员机体内发生的生物适应性变化(功能的和形态的),并表现在运动员从事训练能力的变化。训练水平各个方面是相互联系和相互制约的。在比赛中,技术、身体、战术、意志、专项心理和智力水平任何时候都不会孤立地表现出来,而表现为一种复杂的、尽量创造最高运动指标的综合体。训练水平是指通过系统训练后,运动员机体对具体活动达到适应能力的程度	B. H. 普拉托诺夫(苏).运动训练的理论与方法.陆绍中译.武汉体育学院编印,1986
4	运动员的"竞技能力"或"训练水平"由比赛战术(进攻型战术、防守型战术、特殊战术)、技能水平(开放链动作、闭合链动作、复杂动作)、心理水平(投入程度、自信心、专注力)、生理水平(营养水平、健康水平、体适能)、环境(冷环境、热环境、海拔高度)、性格(人格完整度、受尊重程度、关注度)、情绪(激情、自控力、兴奋度)等元素组成	美国 EXOS(原 AP)体能训练公司来华授课资料,2009

根据对目前已查阅到的资料进行的总结,国外针对皮划艇静水项目运动员竞技能力特征的研究,多是对运动员竞技能力的某一方面特征进行研究,且研究多集中在皮艇项目上,划艇方面的研究成果不多见。其中,以生理学、动力学为基础进行研究的主要案例如 Fernandez 对奥运会皮艇比赛项目的能量供应进行研究,得出奥运会皮艇比赛对运动员的有氧与无氧能力、上肢肌肉力量均有较高要求,并通过相关测试仪器,以 500 m 成绩 1 分 45 秒、1000 m 成绩 3 分 45 秒的标准测试出二者的有氧做功比例分别为 73% 和 85%;Gray 对借浪划最后冲刺、独自划完全程两种皮艇战术的能量消耗进行研究,得出借浪划最后冲刺的战术可显著节省运动员的能量消耗;J. Vrijens 以 5 名比利时国家队运动员为实验组,9 名有训练的非皮艇专项运动员为对照组进行实验,得出在做同样负荷的练习时,皮艇专项的运动员上肢最大摄氧能力高于非皮艇运动员;动力学方面如 Aitken,D. A 对皮艇项目划行过程中划桨力量特点进行力学分析,得出皮艇每桨的力量曲线应为高峰早出现型技术较为合理;DalMonte 从生理学及生物力学角度对皮艇运动员进行的功能性评价分析、Fry 对不同比赛距离(500 m、1000 m、10000 m、420000 m)选手的生理指标和训练学指标进行测量比较,用数理统计法得出优秀皮艇选手具有低体脂、有氧与无氧能力均较强的特点;Pendergast 等在水池中测量不同水平皮艇运动员在不同速度时的能量

消耗,得出高训练水平的运动员能量消耗低的结论等。从查阅到的国外相关资料可以看出,皮划艇运动员首先从体能特点上是对有氧能力要求较高、运动员的能力多表现在以上肢做功能力为主,技能上要求运动员拉桨速度要快,特别表现在入水后前半桨的功率水平上。

以形态学、运动学角度进行研究的主要案例如 P. S. Jackson 对北京奥运会皮划艇比赛中运动员的比赛策略与桨频特征进行了分析与描述;T. R. Ackland 对 2000 年悉尼奥运会比赛前 50 名男运动员和 20 名女运动员进行了形态测试,得出参加奥运会比赛的运动员在身体宽度与围度等形态特征上无显著性差异,参赛选手具有低体脂的身体形态特点等;Fekete Michael 对皮划艇项目运动员的专项力量训练作了分析与研究,总结出皮划艇运动员一般力量与专项力量训练的原则,及各种力量板块的衔接要点;Brown Mathew B 等使用标志分析法,对不同水平皮艇运动员的技术分析,总结与非精英皮艇运动员与精英皮艇运动员之间的技术差别,给非精英运动员改正与提高技术指明了方向;David Aitken 通过成年优秀皮艇运动员的身体特征,对少年皮艇运动员进行筛选和针对性训练,结果证明,符合优秀成年运动员特征的少年运动员具有良好的竞技能力提高性;Bishop, D 对 500 m 女皮运动员体能与专项成绩之间关系的研究、三种热身方式对运动员皮艇测功仪能力的影响等。

在已查到的与皮划艇相关的国外文献著作中,虽未曾见到以"模型"或"特征模型"为主题的理论研究,但有许多以竞技能力某些元素之间的关系结构为研究对象的理论著作,特别是前苏联时期的东欧训练学专家,对运动员的不同能力之间的关系、不同年龄阶段的身体能力特点做了大量的研究与总结,特别是在田径与游泳等体能类主导的项目上,通过对大量运动员的身体形态与训练数据的分析、结合多年的跟踪研究,建立了不同项目的选材模型与训练模型。在皮划艇项目上,也有着许多类似的研究,例如俄罗斯学者通过研究,对影响男子单人皮艇专项成绩的因素做出分析,见表 2-2,以男子单人皮艇 200 m 的影响因素为例,如果男子单人皮艇 200 m 的成绩达到 36″ 水平的话,那么对 200 m 成绩最有影响力的因素是 50 m 和 100 m 水上成绩,即表 1.3 中的一级影响因素,而如果想在 50 m 和 100 m 的距离上有好的成绩,那么又需要在 1500 m 跑步中具备 4′45″ 的水平、5000 m 跑步具备约 18′ 的水平;最大力量卧推要达到 120~140 KG、最大力量卧拉要达到 120~130 KG 的水平,依次类推。

表2-2 男子单人皮艇专项成绩影响因素关系模型

目标成绩	一级影响因素	二级影响因素
男子单人皮艇200 m（成绩36″）	50 m、100 m 水上成绩	跑步成绩（1500 m 约4′45″、5000 m 约18′）
		最大力量（卧推120~140 KG、卧拉120~130 KG）
男子单人皮艇500 m（成绩1′37″）	50 m、100 m、250 m 水上成绩	跑步成绩（1500 m 约4′45″、5000 m 约18′）
		最大力量（卧推120~140 KG、卧拉120~130 KG）
		力量耐力（2分钟30 KG卧推120次
		2分钟30 KG卧拉120次）
		10 km 水上成绩
男子单人皮艇1000 m（成绩3′28″）	100 m、250 m、2000 m、20 km 水上成绩	跑步成绩（1500 m 约4′45″、5000 m 约18′）
		最大力量（卧推120~140 KG、卧拉120~130 KG）
		力量耐力（2分钟30 KG卧推120次
		2分钟30 KG卧拉120次）
		10 km 水上成绩
		水上（专项）耐力水平
男子单人皮艇10 km（成绩41′）	250 m、2000 m 水上成绩	跑步成绩（1500 m 约4′45″、5000 m 约18′）
		最大力量（卧推120~140 KG、卧拉120~130 KG）
		力量耐力（2分钟30 KG卧推120次
		2分钟30 KG卧拉120次）
		10 km 水上成绩
		水上（专项）耐力水平

德国学者也做了类似的训练结构模型研究,不同的是德国学者是以不同分段中所需的训练能力作为依据,如500 m的第二个100 m距离中,对这一分段距离起主要促进作用的训练手段有比赛强度训练、有氧强度训练、速度耐力训练、中距离阻力划、陆上体能训练、力量耐力训练等,依次类推,如图2-1所示。

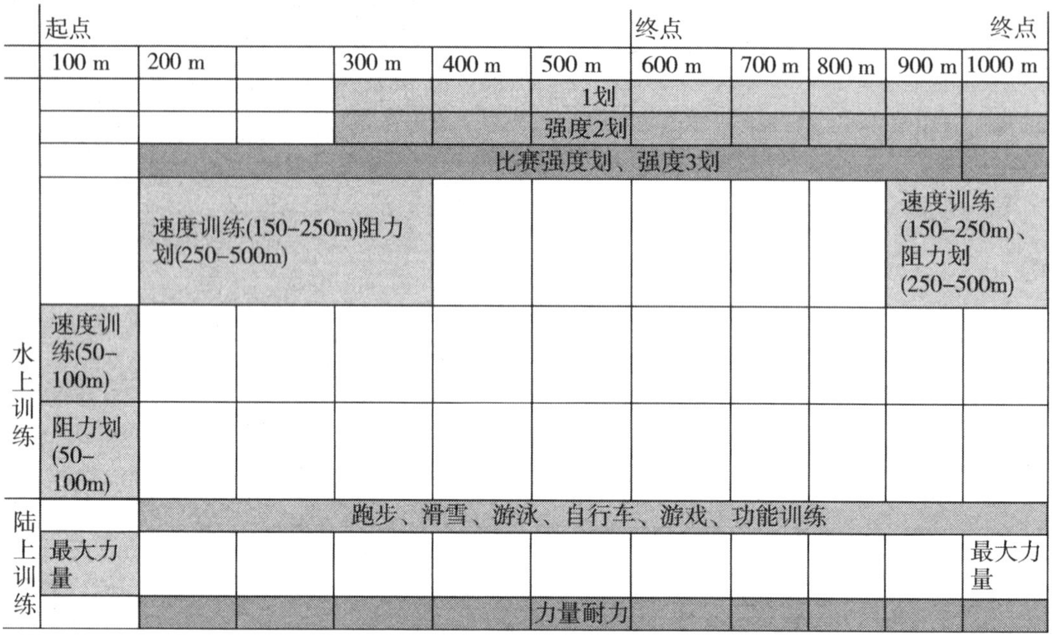

	起点					终点				终点
	100 m	200 m	300 m	400 m	500 m	600 m	700 m	800 m	900 m	1000 m
					1划					
				强度2划						
			比赛强度划、强度3划							
		速度训练(150-250m)阻力划(250-500m)							速度训练(150-250m)、阻力划(250-500m)	
水上训练	速度训练(50-100m)									
	阻力划(50-100m)									
陆上训练	跑步、滑雪、游泳、自行车、游戏、功能训练									
	最大力量									最大力量
				力量耐力						

图2-1　500 m与1000 m比赛距离不同分段所需训练手段模型

二、国内对皮划艇运动员竞技能力模型的研究现状

国内对竞技能力这一概念的定义,通常是指运动员的参赛能力,是竞技运动本质的具体体现,是竞技运动制胜规律的基本构件,是运动专项特征的核心内容。关于竞技能力构成与组成要素的主要定义,目前国内可查阅的资料见表2-3。

表2-3　国内常见竞技能力概念与构成定义

序号	定义	出处
1	竞技能力的构成要素是"体能、技能、智能和心理能力"(四要素说)	过家兴. 运动训练学. 北京:北京体育学院出版社,1986
2	竞技能力构成的"七要素说"——机能、形态、素质、战术、技术、心理能力和智能	周西宽. 体育学. 成都:四川教育出版社,1988
3	竞技能力的构成为"体能、技能、战术能力、智能、心理能力和思想作风能力"六个要素	徐本力,李宗浩. 运动训练学. 北京:人民体育出版社.1999
4	竞技能力的构成为"体能、技能、战术能力、运动智能以及心理能力"五要素	田麦久. 运动训练学. 北京:人民体育出版社,2005

续表2-3

序号	定义	出处
5	竞技能力是运动员参加比赛的主观条件或自身才能,是综合表现在训练和竞赛过程中的体能、技能、战能、心能、智能等因素的总和	田麦久,刘大庆.运动训练学.北京:人民体育出版社.2012
6	其一,竞技能力是训练和比赛所具备的能力;其二,竞技能力是由若干能力要素构件组成结构体系;其三,竞技能力具有鲜明的专项运动特征	胡亦海.竞技运动训练理论与方法.北京:人民体育出版社.2014

在对皮划艇运动员竞技能力特征的理论研究中,主要理论成果如张清等主编、国家体育总局出版的《中国体育教练员岗位培训教材(皮划艇)》中,将竞技能力这一概念作为运动员选材中的一个因素,对于竞技能力中的体能、技能与心能等因素,分别在不同的章节来论述;在对皮划艇运动员竞技能力体能特征方面进行研究的学术文献中,分别有不同的学者对皮划艇运动员的形态、机能、素质进行研究,如吴昊等利用测量法与问卷调查法,对奥运会奖牌选手进行研究,计算统计出我国优秀皮划艇运动员的一般形态模型,类似的还有李江华对第五届城运会的皮划艇参赛队员身体形态的研究,郑哲红等将国家队队员的形态值与国外队员数据相比较后得到的结论等;在机能方面,多是从生理生化角度,对优秀皮划艇运动员在某一特定阶段的值进行研究,如金丽研究不同强度训练对皮划艇运动员血清睾酮水平的影响、石爱桥对中国女子皮艇队高原训练某些生理生化指标评定效果的研究等;素质方面,则多从训练学角度,对皮划艇运动员的专项能力特点,特别是专项力量与专项耐力特点进行分析论述,如宋应华通过文献资料法与观察分析后,得出皮划艇专项力量训练内容的确定,涉及能量代谢、项目特点与动作技术特点,须在训练中有效把握练习动作的负荷控制;尚文元通过对2003年世锦赛的国家皮划艇队11名男运动员和9名女运动员的生理指标测试,得到运动员的最大摄氧量值、通气无氧阈值,和不同时间段血乳酸值,得出了中国优秀皮划艇运动员VT% VO2 max达到78% ~ 80%,接近优秀马拉松运动员的水平;最大摄氧量值略低于国外优秀运动员水平,血乳酸代谢清除能力不够强,提示在训练中应加强有氧训练。

在皮划艇运动员技能特征方面,国内现有的文献大都以皮划艇运动员的每桨划桨节奏及全程速度结构为研究对象,如裘艺等利用高速摄影技术对我国参加世界杯比赛的男女皮艇选手左右桨频特点及动作节奏上进行了分析,诊断出了我国女子皮艇选手左右两侧桨频的不均衡性现象,得出女皮队员左右两侧专项素质发展的不完善性特点;吕蓉等通过录像分析法,将世界优秀皮划艇运动员在500 m距离上的竞速结构描述出来,即出发阶段快速加速,然后转途中划,并通过研究表明这种速度结构有其体能利用的合理性;

心能特征方面的研究,则多以皮划艇运动员在各种特定环境下,如高原训练及赛前心理变化特征为研究对象,如徐培等通过观察法与问卷调查法,利用 POMS 测试系统,对皮划艇队员在高原训练期间的心境状态进行统计分析,得出了对运动员进行有针对性的心理咨询与训练有助于提高高原训练的效果;吕晓昌等采用文献资料与心理测试法,分析我国不同年龄、不同性别、不同训练阶段、不同等级的皮划艇运动员参赛动机与意志品质各维度的差异,得出了我国皮划艇队员参赛动机与参赛意志总体良好,但参赛动机与意志品质的部分维度存在显著性差异,其参赛动机与意志品质之间可以相互预测的结论。

国内以建模为目标对运动员竞技能力进行研究的理论成果较多,其中绝大多数文献研究的目的是为某专项青少年运动员选材工作做出指导,如钟添发为了节省人力物力,提高成材率,针对国内当时的选材认识水平,用层次分析法、资料法和调查法分析了多个代表性运动项目的竞技能力结构,并对结构中的能力指标作出描述,建立了多个运动项目青少年选材的专项能力模型。胡亦海采用文献资料法、逻辑分析法、问卷访谈法与调查法等,对激流回旋、对抗类项目等多个项目进行研究,首先构造竞技能力结构体系,然后对所研究项目或所研究的项群中遴选具有典型代表性的运动项目,分别通过专项内部和专项之间竞技能力系统要素影响权重的多元比较,探讨专项运动竞技能力层次要素的异同特征,从而构建了专项竞技能力结构框架、解析了专项竞技能力因素特征和各个项目的本质规律;陶江以 1999 年第七届田径世锦赛男女前三名为研究对象,采用层次分析法来研究 400 m 跑比赛中制胜的关键因素及其所占比重,首先建立判断矩阵模型,再建立运动员在跑动过程中的路程、速度、加速度、时间之间的函数关系,以定量分析为主,据此建立数学模型,通过与国内运动员比赛与训练的数据相比较,找出该运动员的差距,并以此来指导训练;毛浓选通过文献资料法与专家访谈法,结合散打运动的特点,筛选出散打运动员多项形态、机能、素质、技术和心理指标,以此对我国 32 名武英级运动员和 39 名一级运动员进行测量,采用主因子法,将散打优秀运动员竞技能力中基础的、有鉴别性的指标,归纳为 17 个因子,关以此确定散打运动员竞技能力的主导因素,为我国优秀散打运动员能力的发展提供目标系统等。

国内与皮划艇有关的理论著作中,以特征模型或建模为目标对皮划艇运动员竞技能力进行研究的文献,也大都是以运动员选材为目的,以构建运动员选材模型为主。如王卫星以备战 04 奥运会的国家队队员为研究对象,以奥运会皮划艇比赛项目规则为基础,研究皮划艇的项目属性与特征,定义出皮划艇项目是以快速力量耐力为主的周期性运动项目,进而深入分析了皮划艇项目运动员的专项体能特点,并就运动员的力量、代谢能力、协调性、柔韧性训练做出相应的设计和安排;曹景伟在中国皮划艇国家队长期跟踪国家队队员,包括国家青年队运动员,以他们为研究对象,通过文献资料法与数理统计法,对皮划艇运动员选材理论进行了实证研究,为我国皮划艇运动员选材提供一套基本准则;茅洁以研究优秀皮划艇运动员竞技能力的保持为目的,以"双子理论"为基础,构建了皮划艇运动员的结构模型,得出保持优秀运动员最佳竞技能力可从构建能力结构模型、机能评定与监控、科学训练三方面着手的结论,因其书重点是竞技能力的保持,其在书中并未对指标特征进行研究,也就未能构建出优秀皮划艇运动员竞技能力的特征模型;马祖长从生物力学角度,利用中国科学技术大学研制开发的皮划艇生物力学测试仪器,以国家队队员为研究对象,进行了皮划艇运动生物力学信息的采集与获取工作,并对相应指标进行评价与研究,同时通过现象看本质,从运动员运动学与动力学的参数表现,对运动员体能与技能特征也做出了系统论述。

三、国内外研究现状综合分析

从目前可查阅的训练学理论著作来看,对"竞技能力"这一概念的研究,国外学者偏向于自然科学的研究方法,注重以定量分析为主,强调以实验结果为理论依据的研究方法。例如以前东德的杰出训练学专家为代表,利用系统论的基本原理与方法,对竞技能力各组成要素的功能与作用及其相互之间的联系进行剖析与研究,得出的理论成果系统性与逻辑性较强。美国的体能训练专家在注重系统分析的基础上,更注重运动员"竞技能力"表现水平与具体训练实践的结合,在对"竞技能力"这一概念的剖析过程中,强调分解后具体指标的应用性与可操作性,因此得出的理论成果实践性与针对性较强;国内学者对于"竞技能力"这一概念的研究,相对来说时间较短,且大都建立在前苏联、前东德学者的研究理论基础之上。在继承了其分析严谨的特点之外,还采用多学科综合分析的方法,特别是对社会科学研究方法的应用上,注重定性分析,从哲学高度对"竞技能力"组成要素的层次性与逻辑性进行了进一步的分析与研究。以这种过程得到的理论成果全面性较强,在实践应用中,使得体育工作者们在面对不断发展的竞技体育水平时,能够全面认识运动员竞技能力的组成结构,达到在训练过程中以结构的优化带动功能的提高,以此来适应不断发展的竞技体育运动。

在对皮划艇运动员竞技能力特征的研究中,国外与国内学者都是从皮划艇运动员竞技能力的某一方面特征入手,如训练内环境中的心理因素、生理因素;外环境如训练方法、管理、战术、运动技能、运动学、动力学、成长环境等方面来进行分析研究,研究目的多是以探索达到某运动水平的皮划艇项目运动员竞技能力某方面特征的内在属性规律,或是通过研究从事该项目运动员在能量供应、肌肉运动形式等内在特征,来分析皮划艇项目本身所具有的项目特征规律。国内学者除了以生物学科为基础进行研究外,还擅长在研究过程中以社会学科的理论方法论作为研究基础,借鉴从其他项目特征相似的体能类项目运动员竞技能力研究中得到的一般规律,结合对皮划艇运动员竞技能力某些要素特征所观察到的表现形式,从一般到个别,从哲学角度来对皮划艇运动员某方面的竞技能力特征来进行描述。

在对皮划艇运动员竞技能力模型的理论研究中,国外针对皮划艇项目的相关文献资料中,多数理论研究目的是以建立竞技能力某方面相关因素之间的关系结构或以建立优秀运动员竞技能力某方面因素标准的理论成果,通过从实践中得到的大量生物学及训练学样本统计后,对研究对象组成要素之间的关联特征进行数理统计分析,探索各元素之间的相关性,最后以类似青少年训练培养指导大纲或以国家队运动员竞技能力的选拔标准等形式出现。国内以"模型""竞技能力"为主题对运动员进行研究的理论成果,多以系统论、逻辑法及数据分析法来进行研究论述。这些理论成果多是将前人已有的研究成果联系起来进行高度总结与概括,或是对其它学科的理论成果进行借鉴,对研究对象各组成要素之间相互联系、相互作用方式的具体特征与功能进行概括、归纳和抽象,描述出研究对象的共性特征,如"木桶理论"与"积木理论",是对某一类项目性质相近的运动员,或某一项群中的运动员在不同训练阶段的运动状态作出归纳与描述,为从事某一类项目的运动员在某方面的发展目标提供理论上的参照系,大多数成果的直接目的是为运动员早期选材和为青少年基础训练起到导向作用,研究方法以定性分析为主,或是定性和定量相结合进行分析,得到的类似"训练大纲"的理论成果。

综合国内外学者对竞技能力、皮划艇运动员竞技能力特征、皮划艇运动员竞技能力模型的理论研究可以看出,国外学者在对皮划艇运动员竞技能力的研究过程中,注重以生理学、生物力学为研究基础。在对皮划艇运动员竞技能力特征的研究中,国外学者擅长以生物学科的技术,如利用先进生理生化测试仪器、生物力学分析仪器来进行研究。以这种方式得到的理论成果,研究内容较有深度,常以量化数据作支撑,与训练实践联系性较强,但全面总结性不够。在对皮划艇运动员竞技能力特征模型的研究过程中,国外学者多是从运动员竞技能力的某一领域或某一层次要素方面进行,或从运动员训练内、外环境中的某一单一问题入手。以这种方式得到的研究成果,未能将各种影响运动员竞技能力的因素进行整合,且由于研究内容相对单一,学科支撑相对独立,不能全面地从整体角度来对优秀皮划艇运动员竞技能力特征模型进行系统描述。此外,国外对皮划艇运动员竞技能力特征的研究,很多基础性的、描述运动员训练过程中生理生化特点的研究成果,实验对象多为业余训练的大学生志愿者,或是军队中的志愿者军人,以这种研究对象得出的理论成果,在我国目前举国体制下职业化训练的运动员进行借鉴的过程中会产生一定的限制性。

国内的研究理论,在对运动员竞技能力的研究过程中,除了注重竞技能力的系统性外,还加强了对竞技能力组成元素之间关系逻辑性的描述,达到类似"公理化"的研究成果。这种从众多不同项目实践过程中推理总结出的一般性的理论成果,在描述某具体专项的特殊性时,常会产生理论与实践统一性不够、应用性不足的现象。在对皮划艇运动员竞技能力特征的研究中,除了运用自然学科中的观察法与实验法外,国内学者还注重对研究对象内在形式的定性化分析,从宏观角度对研究对象进行整体描述。在研究对象上,由于中国目前实行的是举国体制下的职业竞技体育,作为研究对象的国内专业皮划艇运动员,大都实行的是封闭式管理,队员的生活训练环境较为单一,因此在研究过程中外来影响因素与不可控因素较少,以此对象进行研究得出的结论可靠性与稳定性较强。特别是在皮划艇运动员特征模型方面的研究理论,国内学者注重竞技能力的整体性与全面性,从系统结构化角度对皮划艇运动员竞技能力特征进行总结描述,但由于偏重社科理论,在具体训练实践应用过程中、特别是优秀专项运动员的训练过程中常会产生理论与实践结合不够紧密的现象。以这种研究方式得到的理论成果,对训练现象的总结性较为全面,但针对性不强,对实践的指导性较弱,这也是本书研究中期望解决的问题。

四、训练模型与训练模式理论的综合分析

在训练学的竞技能力发展理论中,"训练模型"与"训练模式"是两个重要概念。"训练模型"是运用"模型"揭示和解释运动能力在训练中的发展和变化,从功能上看,模型首先是从源头探索运动训练对人体机能的影响,试图解释机体能力在运动训练刺激下产生变化的机制问题,被视为运动训练的生物学基础;其次是研究"负荷—疲劳—适应"之间的关系,试图对运动训练的过程和结果进行诊断、预测和控制,使运动训练成为一个可操作的科学化过程。"训练模式"通常指采用的研究路线是以某一专项运动员群体中达到精英水平的运动员为研究对象,然后对这一对象集合的总体特征进行分析与研究,以基础学科理论知识为依据,构建影响该项目运动员成绩提高的主因素指标参数与运动员不同能力表现值之间所构成的具有定量关系的训练模式及相应评价标准,从而为该项目在实践训练过程中,为把握训练目标的达成而提供出一套目标模型与调整策略。由于模型和模式这两个概念是从工程和经济管理学科中移植过来的概念,在运动训练学领域重新嫁接后,如果对其原本内涵了解不透极易产生歧义。此外,由于这两个概念对运动训练理论研究及实践应用起着引领思维的作用,因此对这两个概念进行深入辨析,对于理清思路,明确相应的训练学现象,深化对训练实践活动规律的把握具有重要意义。

（一）关于训练模型与训练模式的理论研究现状

本研究基于 CNKI 数据库和 WOS 数据库，用"训练模式""训练模型""training model"和"raining pattern"为中心词，对最近 5 年的文献资料进行检索，通过对检索到的资料分析可知，无论国内还是国外，在涉及到以训练模型或模式为主题的研究中，在概念定义与使用上都存在一定混淆，例如通过分析检索到的英文文献，在运动生理学或心理学领域的研究中，当研究目的是进行某种试验，从而阐明某一因子对试验对象的影响和处理效应或意义时，为了保证除了对试验所要求的研究因子或操作处理外，其他因素都保持一致，常采用模型或模式的概念，目的是可以在整个实验过程完成后对试验结果进行科学分析与系统比较。这种将训练内容与方法、量与强度的固定搭配作为实验干预性因素的，有文献称为 model，也有部分文献使用 pattern 或 mode，而 model 与 pattern 或 mode 在中文中显然表达两个不同的层次概念；如 Leonie Adams 等为证明动机-意志（MoVo）干预计划对因得出乳腺癌病症后参加体育锻炼不活跃的妇女群体的效果，在两个住院康复设施中应用了顺序对照组设计，以模型评价结果评估动机-意志团体干预与标准康复的效果，对于实验过程中出现的固定评价体系，文中是以 model 一词表示。类似应用如 Bruno Marrier 等将训练周期划分方式、不同周期的量与强度安排及采用的训练内容与方法也称为 model，并在此概念基础上比较传统周期模式与以"板块"为特征进行周期划分的训练模式之间的区别，在研究了由 Hans Selye 提出的一般适应理论（GAS）所建立的训练模型的理论要点基础上，与周期性力量训练的基础进行比较分析，从而得出将 GAS 为基础的训练理论模型应用于阻力运动可能并不合适的结论。

而另一些国外学者如 Pinto Rita 等为评估长期运动周期对与健康相关的身体健康组成部分的影响，首先对该题目相关的不同概念及相互关系进行分析，确定研究的范围和主要内容如心肺耐力、肌肉力量、骨骼肌功能和身体成分，然后厘清每一概念变量的属性，再讨论变量之间的因果或相关关系，形成假设，将患者随机分为定期锻炼组、非定期锻炼组，在实验开始前，开始训练计划后的 3 个月、6 个月和 12 个月的时间点进行多项生理指标测试，通过对实验结果的分析来验证假设模型，这里对于每组所使用的固定训练内容是以 pattern 一词进行定义。类似应用还如 Marrier 等通过收集 12 名参加一个完整赛季比赛的男子运动员在 33 周内的工作负荷数据如运动员的主观疲劳指数和以全球定位追踪系统收集的运动学数据，分析和描述在非奥运季节参加世界七人橄榄球系列赛的七人橄榄球运动员的训练模式特征，这里对于训练内容的固定安排用的也是 pattern 一词。而 Vázquez-Guerrero 等通过阐述训练周期理论的主要原则，探讨了刻意训练（DP）与运动员竞技能力提高过程的关系，通过回顾有关刻意训练和运动员运动成绩（N=21）的相关研究,提出了一个强调运动发展过程各阶段性与动态规划性关系的模型,并得出在 DP 活动中实施周期化训练原则可以促进运动员适应的结论。Ronnie Lidor 等利用加速度计训练负荷模型,对 12 名优秀男子篮球运动员的外部负荷进行研究,通过收集不同位置运动员在测试赛中的加减速次数及强度,加减速比率等数据,来评估篮球运动员的体能需求,以上两个案例中描述概念虽然也为不同训练手段组合所形成的稳定联系,但用的却是 mode 一词。

　　国内在训练学领域以"训练模型"为主题进行研究的理论成果,多是以哲学、方法论为研究基础,如应用系统论、逻辑分析法及数据分析法。这些理论成果多是将前人已有的研究成果联系起来进行高度总结与概括,或是对其他学科的理论成果进行借鉴,对研究对象各组成要素之间相互联系、相互作用方式的具体特征与功能进行概括、归纳和抽象,描述出研究对象的共性特征。"训练模式"常是对某一类项目性质相近的运动员,或某一项群中的运动员在不同训练阶段的运动状态做出归纳与描述,为从事某一类项目的运动员在某方面的发展目标提供理论上的参照系,大多数成果的直接目的是为运动员早期选材和为青少年基础训练起到导向作用,研究方法以定性分析为主,或是定性和定量相结合。典型的研究如李云广探究管理学要素之间的稳定联系时,用了"模式"这一定义,在其研究中运用调查法和逻辑分析法等研究日本校园足球"走训制"模式的成功经验及对我国校园足球发展的启示;蒋宏伟通过对中国网球管理模式的回顾,分析中国网球几十年来的发展历程与国内的一些不足之处,为以后中国网球运动如何持续成功与发展提供思路;彭延春则是将篮球运动力量训练系统的组织构成定义为"训练模式",并以此概念为基础针对中国职业男子篮球运动员的力量水平不足的问题展开研究,并在研究成果上提出了我国职业篮球运动员力量训练的一般模式;类似研究还有余银等对中国女子皮艇队第 17 届亚运会赛前 7 周的"微缩大周期"训练结构特征进行系统分析,为总结高水平运动队微缩大周期训练模式特征提供实证依据。

　　在检索到的中文文献中,在运动生理生化实验类研究领域内,模型或模式也是经常使用的概念。例如为保证实验干预手段的稳定性与前后一致性,王蕴红等在其研究中以大鼠为研究对象,通过建立一次急性运动、4 周和 10 周递增负荷运动模型,探讨 Toll 样受体 4/核因子 κBp65 信号通路在心肌适应性运动过程中的作用,研究人员在实验过程中以长期递增负荷运动方法建立运动模型,从而保证实验的严谨性。而相似的概念应用却以"训练模式"出现的如阮凌、郝选明等,在其研究中通过间歇低氧训练和高住低练两种低氧训练模式观察运动即刻状态下大鼠心肌肌球蛋白重链比例表达;同样蒋丽等在其研究中,探索并比较"高原-亚高原-平原"和"高原-平原"两种过渡训练模式对世居高原的中长跑藏族运动员有氧能力和心肺功能影响;薛亮则以浙江省散打队参加第十一届全运会的三名女运动员为研究对象,结合队员个体化技战术特点,采用实验法,选取基础素质指标、专项能力指标及生理生化指标进行分析,检验女子散打男性化技战术与专项体能相结合训练模式的实效性;在上述三个应用案例中,突出不同训练手段组合所形成的稳定联系对某一对象群体所产生的效果,对于这种固定运动干预形式搭配的方式都称为"训练模式"。

(二)"模型"与"模式"词根溯源与分析

对于模型一词,在数学辞海第 5 卷第 109 页有着明确定义,模型(model)是现实客观事物的一种表示和体现,它可以是文字、图表、公式,也可以是计算机程序或其他实体模型,具有以下三个特点:①是现实世界一部分的模仿和抽象;②由那些与分析问题有关的因素构成;③体现了有关因素之间的关系。模型与现实客观事物相比,其优点是简单、经济、便于操作和试验、运转周期短,通过对模型的试验,可以对实际问题做出客观的分析。当模型这一概念引入到训练学领域中成为"训练模型"一词后,其所代表的含义与模型本身最为接近的解释为,模型是对客观现实的事物的某些特征与内在联系所作的一种模拟或抽象,为了研究一个过程或事物,可以通过在某些特征(形状或结构等)方面与它相似的"模型"来描述或表示,它能反映出有关因素之间的关系,是对实体的特征及其变化规律的一种表示或者抽象,且往往是对实体中那些所要研究的特定特征定量的抽象。

模式一词从字面意思进行理解,"模"一种标准,或者一种套路,"式"方式、方法、形式,两个字连接在一起可以解释为一种可以重复使用、具有参考性的方法、知识体系。在陈世清《对称经济学》术语表中,模式(Pattern)是指从生产经验和生活经验中经过抽象和升华提炼出来的核心知识体系。这一概念引入到训练学领域中成为"训练模式"一词后,其所代表的含义与模式本身最为接近的解释为,模式即解决某一类问题的方法论,把解决某类问题的方法总结归纳到理论高度。

在现代科学技术体系中,根据从抽象到具体、从认识规律到运用规律、从观念形态到物质形态的顺序,可以将科学研究分为基础研究、应用研究、开发研究三个层次。结合在前文中对"训练模型"与"训练模式"的词根溯源与分析,可以看出在训练学领域中对应的理论研究阶段,基础研究阶段对应的是基础学科如生物学与人文社会学科中的理论成果,应用研究是以基础学科的理论知识为基础建立的简洁模型,而开发研究阶段应是实践工作者根据训练中的理论模型,设计、组织与管理整个训练过程的内容与方法即训练模式,见表 2-4。

表2-4 科学研究层次与所对应训练学理论关系

类别	基础研究	应用研究	开发研究
目的与任务	在于提示运动的本质和规律,解答表面现象"为什么"发生的问题,同时也为解决实际问题提供了理论依据	研究如何将基础理论用于解决经济和社会的实际问题,即"怎样"把对世界的认识转化为对世界的行动,其出发点一般是某一大型经济活动或社会活动中具有普遍意义的问题,探寻以基础理论为指导解决这些问题的途径	直接面向具体的生产实际,其任务是运用科学技术知识实现低消耗、低成本、高质量、高效益的社会生产
训练学对应理论层次	生物学科理论成果	训练模型	训练模式

(三)训练模型与训练模式的层次性分析

按照科学研究从抽象到具体的三个层次可以得出,由于基础研究层次是为获得关于现象和可观察事实的基本原理及新知识而进行的实验性和理论性工作,它不以任何专门或特定的应用或使用为目的,主要特点是以认识现象、发现和开拓新的知识领域为目的,通过实验分析或理论性研究对事物的物性、结构和各种关系进行分析,加深对客观事物的认识,解释现象的本质,揭示物质运动的规律,或者提出和验证各种设想、理论或定律。按照如上定义,在训练学竞技能力发展领域中属于基础层次的目前有两大学说,即超量恢复学说与应激-适应学说,见表2-5。

表2-5 竞技能力发展基础学说层次理论

学说名称	理论来源	主要内容
超量恢复学说	瑞典的博格斯通(J. Bergstrom)和胡尔特曼(E. Hultman)基于人体肌肉活检技术,发现肌糖原、磷酸原、线粒体以及一些相关酶类运动后出现"下降-恢复-超量恢复"的现象	人体力竭性运动的时间与参与运动肌肉的肌糖原储备量高度相关,以蛋白质和脂肪类为主的食物会降低肌糖原的储备并进而减少力竭性运动的时间,而补充碳水化合物为主的食物可以明显增加肌糖原恢复水平并延长运动时间

续表2-5

学说名称	理论来源	主要内容
应激-适应学说	塞尔耶(Hans Selye)通过大鼠实验证明某些环境改变会产生同样效果,继而总结出应激是个体对任何需求做出非特异性反应的一个过程,它可使个体产生生理上或心理上的反应,这种过程持续贯穿人的一生	全身适应综合征(general adaptation syndrome,GAS):当个体面对威胁时,无论是什么性质的威胁,体内都会产生相同的反应,这些反应一般通过神经内分泌途径产生。 局部适应综合征(local adaptation syndrome,LAS):机体对应激源产生的局部反应,这一反应常发生于某一器官或区域。 全身适应综合征 GAS、局部适应综合 LAS 可分为三个独立的阶段:警报反应期(Alarm)、抵抗期(Resistance)、衰竭期(Exhaustion); 适应(adaptation)是指应激原作用于机体后,机体为保持内环境的平衡而做出改变的过程。 适应是应对行为的最终目标,是所有生物的特征,是生物体调整自己去适应环境的能力或促使生物体更适于生存的过程

科学研究的应用研究层次,是指为获得新知识而进行的创造性的研究,它主要是针对某一特定的实际目的或目标。这个层次的主要特点是具有特定的实际目的或应用目标,具体表现为:为了确定基础研究成果可能的用途,或是为达到预定的目标探索应采取的新方法(原理性)或新途径。在围绕特定目的或目标进行研究的过程中获取新的知识,为解决实际问题提供科学依据。按照如上表述,在训练学领域中属于应用层次的理论,是以"超量恢复学说"与"应激-适应学说"为基础建立起来的理论模型,比较有代表性的训练学模型,见表2-6。

表2-6　竞技能力发展训练模型层次理论

模型名称	内容表述	模型示意图
下降-恢复-超量恢复模型(雅克夫列夫1977)	机体在负荷的刺激下,其能量储备、物质代谢以及神经调节系统的机能水平出现下降(疲劳),在负荷后这些机能能力不仅可以恢复到负荷前的初始水平,而且能够在短期内超过初始水平,达到"超量恢复"的效果。如果在"超量恢复"阶段适时给予新的负荷刺激,"负荷-疲劳-恢复-超量恢复"的过程则可以不断地在更高的水平层次上周而复始地进行,由此使机体的能力得到不断的持续提高	

续表 2-6

模型名称	内容表述	模型示意图
适应-疲劳-适应-超适应模型（康希尔曼 James Counsilman 1968）	在周训练中，如果训练负荷从周一到周五始终保持在"中等"水平的话，机体能力则处于"疲劳区域"，经过周六日的恢复其能力可以恢复到"适应区域"（A 曲线）；如果训练负荷较高，机体疲劳程度处于疲劳区域的下限（但没有达到不适应区域），经过周末的恢复机能能力则可能出现"超适应"的水平（B 曲线）；如果训练负荷过大，机能能力下降到不适应区域，尽管他也经过了周末的休息，但他的机能能力水平仍然无法达到"适应区域"或"超适应区域"（C 曲线）	
运动后机体恢复模型（维禄 A. Viru 2008）	运动后机体的恢复分为 2 个阶段和 5 个层面，在运动后几分钟到几小时的快速恢复阶段，机体一些主要功能指标，如心率、血压、乳酸等，首先快速恢复到训练前的安静水平，之后机体内环境平衡也恢复到运动前的状态，一些重要的在运动中大量消耗的能量物质储备，如 ATP-CP 和糖原等，也在该阶段被重新补充甚至出现超量恢复。在被称为延迟恢复的阶段，运动能力和机能将得到恢复和重建	
疲劳-适应双因素模型（班尼斯特 E. W. Bannister 1982）	人体在负荷的刺激下会同时出现机体疲劳和适应两种反应，这两种相互对抗的反应会根据负荷的变化而变化，且二者之间存在某种关系。在高负荷训练的情况下，疲劳的上升快于适应，其曲线高于适应曲线，但随着负荷的下降疲劳曲线的下降速度加快并逐渐与适应曲线出现交汇，其交汇点被认为是运动员出现最佳竞技状态的临界点，重大比赛应该出现在该临界点之后，即最佳竞技状态区域出现	

续表2-6

模型名称	内容表述	模型示意图
机能储备模型（马德尔Mader 1990）	人体除了具有一个正常状态下的细胞蛋白质标准代谢率之外，还存在一个在负荷作用下的"机能受限性"蛋白质代谢率的额外增长，如果该增长发生在那些对运动能力具有重要影响甚至决定性作用的蛋白质（线粒体等），则必然带来机体运动能力的提高	
转变-适应模型（诺依曼Neumann 1991）	从时间的角度对机体细胞和组织在运动训练负荷作用下的适应性变化进行了解释，提出了机体各器官系统受到足够大的外来刺激时会产生"转变"，在反复施加负荷的条件下则出现"适应"，具体表现为机能能力的提高	
竞技潜能元模型（珀尔 J. Perl 和梅斯特Mester J.2000）	运用应力输入、应答输出以及二者对竞技能力的影响三者之间形成的若干交互作用，以各种"元"，即不同的系统和功能的形式模拟竞技能力的适应过程。该模型认为，运动能力的改变是机体抵抗外来刺激的结果，该结果具有滞后效应的特点，不仅表现为正面的能力提高，而且也会出现负面的能力下降	

科学研究中的开发研究层次，是指利用应用研究的成果和现在的知识与技术，创造新技术、新方法和新产品，是一种以生产新产品或完成工程技术任务为内容而进行的研究活动。在训练学理论研究领域中，开发研究层次是指利用基础研究、应用研究成果和现有知识为基础，为达到具体训练目标或完成预期的训练任务而进行的具体训练组织活动。例如怎样设计多年训练计划、年度训练计划、大周期训练计划、周训练计划和课计划等，如何有序安排各项训练内容、训练方法和训练负荷等要素，见表2-7。

表2-7 竞技能力发展训练模式层次理论

理论依据	模型基础	训练模式案例
超量恢复学说	下降-恢复-超量恢复模型	Bompa T. O.:赛前减量模式,通常为赛前8~14天开始减量,持续时间因人、因项目而异,可分为直线式、指数式和阶梯式三种模式。 马特维耶夫:将年度训练分为准备期、比赛期、过渡期
应激-适应学说	疲劳-适应双因素模型	Bompa T. O.:将年度训练分为单周期、双周期和三周期,每个大周期训练包括准备期(一般准备期、专项准备期)、竞赛期、转换期
	适应-疲劳-适应-超适应模型	康希尔曼:将年度训练根据重大比赛划分为2个周期(双高峰 double-peak 模式),每个周期进一步分为季前训练4周(pre-season training)、准备期(the preparatory phase)、艰苦训练期8~12周(the hard training phase)和赛前训练期(the tapering phase)等4个时期,并给每一个训练时期制订了各自的目标、时间和训练内容;周训练负荷模式:"3+1"(3天逐渐增加训练负荷直至最大,然后进行1天的恢复调整)
	适应-疲劳-适应-超适应模型	Rainer Martens:将年度训练计划划分为休赛季、赛季前期、赛季中期、高峰期4个阶段
	适应-疲劳-适应-超适应模型	Lehmann:将年度训练分为再生期 regeneration、超量训练期 training overload、赛前减量期 taper、比赛期 competition

(四)训练模型与训练模式理论的综合分析

(1)在中文语系中根据对科学技术研究层次的划分,可按照从抽象到具体、从认识规律到运用规律、从观念形态到物质形态的顺序将科学研究分为基础研究、应用研究、开发研究三个层次;依照不同研究层次的定义,结合训练学竞技能力发展理论的不同本质特征,可得出在训练学领域中"超量恢复学说"和"应激与适应学说"对应的为基础理论研究层次;在基础研究理论即两种学说的基础上,为进一步反映不同训练现象本质属性,对研究对象进行实质性描述和简化,不同学者建立起多个训练模型以便于分析指导训练实践工作,训练模型相应属于应用研究层次;训练模型的建立可以更好地分析训练问题的内部规律及其相互作用机制,按照训练模型的指导,不同体育实践工作者根据对本项目竞技能力发展规律及项目特征的分析,依据实践经验,设计出不同的训练模式,相应于科学研究的开发层次。

(2)通过对检索到的研究文献进行逻辑分析后可以看出,在以训练模型和训练模式为主题的相关研究中,常将训练模型与训练模式表达为系统的训练目标与策略设置。国内在此领域的研究与应用同国外情况类似,大多集中在心理、生理生化或教育学领域中,主要研究集中在对实验因素的控制与处理上。在训练学领域的研究中,多数文献的研究方向聚焦在青少年运动员的选材问题或阶段训练目标的设置,部分针对精英级别运动员的研究,常用建立训练模型或模式的方法,对影响专项成绩提高的控制因素与结果变量之间的关系进行解析与研究,以此建立最佳的运动员竞技能力目标发展策略。通过对查阅到的文献资料分析研究可知,国内外在以训练模型或模式为主题的研究中,在概念定义与使用上都存在一定混淆现象,如将训练内容与方法等要素组合的训练模式概念表达为训练模型等不规范现象。

(3)将竞技能力发展理论的层次性进行系统考量后可以发现,整个理论体系的基石来源于生物学科,随着生物学科中对人体开放复杂性的新认知,对人类生命活动过程特征、各器官系统结构和功能的进一步了解,造就了训练学中竞技能力发展的经典学说。基础学说的提出为训练模型的建立打下理论基础,训练模型的建立揭示出竞技能力发展过程中,训练要素与人体系统内部各功能部分之间的相互作用和运行规律,是以基础学说的理论知识为基础,为全面系统认识竞技能力发展规律而建立的简洁模型。开发研究层次则是训练实践工作者根据训练模型,依据训练实践中的具体问题,设计、组织与管理整个训练过程中各种要素关系,如多年训练计划的设计、依据比赛任务对年度训练进行大周期的划分,然后根据每个阶段训练任务的要求,对周训练、课训练的量与强度、内容与方法等要素合理组织与安排,从而形成训练模式。

第三章

概念界定及理论依据

一、概念界定

特征,从概念上讲,是某一客体区别于其他事物的特点。任一客体或一组客体都具有众多特性,人们根据客体所共有的特性抽象出某一概念,该概念便成为了特征。竞技能力特征,指的是某个特定运动项目运动员所具有其自身的特征与本质,这是这个项目本身所具备的,使其区别于其他项目的代表性特点,通常以该项目的特殊表达形式直接或间接地表现于系统的内部与外部。

综合不同学者对竞技能力的研究成果,本书在对皮划艇专项运动员竞技能力特征进行解构与描述的过程中,认为竞技能力特征是由具有不同表现形式的体能特征、技能特征和心能特征等方面所构成。即在皮划艇运动员竞技能力特征模型的组成结构中,体能特征、技能特征、心能特征可视为系统目标竞技能力总特征的一级层次要素。

体能,在我国港澳台等地区,也常称为体适能,从广义上讲,它是指人体适应外界环境、进行日常生活和活动所具有的相应的基本生活活动能力。从狭义上讲,体能则是指是人们进行各项体育运动而相应具有的走、跑、攀、爬、蹬等活动的能力。一般来说,体能是人体对环境适应过程中所表现出来的综合能力。包括两个层次:健康体能和竞技运动体能。在本书中,体能指一种受先天遗传和后天获得影响的运动能力,这种运动能力的物质基础是机体各器官、系统的机能以及外在表现出的形态学特征,并以身体素质为载体表现出来。因此本书中的体能特征包括身体形态特征、生理机能特征和运动素质特征三个二级层次要素。由于本书的研究对象为具有多年训练经历的优秀皮划艇运动员,对于在初级运动员选材阶段所重点研究的内容身体形态特征来讲,在高水平运动员中已不属于竞技能力的重点内容,因此对于身体形态特征的内容,本书中只列出元素结构图,不作进一步的分析。

技能,从一般概念上讲是指个体运用已有的知识经验,通过练习而获得的合乎法则的智力活动方式或身体活动的运动方式。狭义的技能,或技能的初级阶段,是指在一定的知识基础上,按一定的方式通过反复练习或由于模仿而达到"会做"某种事或能够完成某种工作的水平;广义的技能是指达到熟练的动作技巧。本书中的技能指的是运动员的技战术能力,按照竞技能力的"三要素说",体能是从事体育竞赛的硬件基础,心理能力是软件基础,技能是合理发挥体能和心理能力。这种划分方法对运动训练实践更具实践性与可操作性,具有普通的指导意义,因此,本书中以"三要素"形式划分的竞技能力特征一级层次要素,作为其中之一的技能特征要素,其下位包括了技术特征与战术特征两大二级层次要素。

心能,一般来讲是指个体的心理能力。由于智能从定义上讲是指人的智慧和行动的能力。从严格意义上来说,智能也是一种心理能力。因此,本书中的心能为了实践的可操作性,将智力能力也归属于心能范围内,因此,作为一级层次要素之一的心能特征,其下位包括了专项心智特征这一复合性的二级层次要素。

个性化,通常意义上指非一般大众化的东西,在大众化的基础上增加独特、另类、拥有自己特质的需要,打造一种与众不同的效果。本书中的个性化指为适应不同竞技能力特征的优秀皮划艇运动员这一特定个体或特定群组而设计的针对性训练模式。个性化训练是根据运动训练的区别对待原则在优秀运动员群体的科学训练过程中迫切需要而产生的一种新型训练模式,它更贴近于具有相似特征的某一类型运动员个体或运动员群体的独特训练需求。

在训练实践中,任何成绩优秀的运动队,在其训练中都会有一套成熟、行之有效的训练模式来指导其整个训练过程,这种模式有两种来源,一种是以教练个体的成功经验总结而成,另一种则是在相关训练主管部门组织下,通过对不同年龄阶段的优秀运动员进行测试调研,以获取的数据提炼后建立该项目优秀运动员的总体数据特征模型,并以此作为指导整个训练进行的目标模式,这种具有层级目标及目标达成方法的体系,在本书中被定义为训练模式。

二、理论依据

(一)黑盒测试理论

对于具有复杂生命活动特征的运动员个体,要将其自身运动表达形式与功能活动规律进行精确解释与描述,因此在对某一运动员个体训练特征规律进行研究的过程中,为了保持其机体功能的系统完整性,采用类似"黑箱法"的研究方法来进行,即从特定输入及其变化与特定输出及其变化的观测资料,判断输入(训练负荷、内容与方法等)与输出(竞技能力指标、专项成绩)之间的特定关系和变化规律,据此达到调节输入以控制输出,使研究主体达到或维持某种理想状态值的目的,并最终将这种达到状态时主体的各项特征值描述出来从而建立模型。

(二)身体素质"敏感期"理论

关于人体生长发育特征的理论最初由荷兰生物学家德弗里在研究动物成长过程的特点时提出,后来教育学家蒙台梭利在研究儿童的成长发育特点时,根据相似现象提出了敏感期理论,随着体育运动的发展,前苏联训练学家将此概念定义为青少年在生长发育过程中的快速发展阶段,欧美学者称之为某项素质的加速适应窗口。爱少尼亚塔尔图大学教练员学院在 1994 年出版的教材中,对 10 到 18 岁的青少年身体素质发展敏感期特征进行过详细论述,人体遗传性信息会在外部适合条件的刺激下明显表现出来,但当这种来自内部的遗传性信息消逝后,多么理想的外部刺激条件也不会产生应答现象,在特定阶段适当的外部影响(训练)会对某项素质产生理想的影响效果,反之则会产生中性甚至是负面效应,据此不同年龄阶段运动员对相同训练刺激将会出现不同的应答特征与适应程度,在训练过程中,针对不同年龄阶段的运动员,训练应有所区别。

(三)不同类型运动员对训练内容的适应性

根据经典应激适应理论应用,在训练学领域中,不同类型的运动员,对不同训练内容的适应能力也有所不同,如在力量训练中,最重要的生理学指标是促使人体肌纤维肥大程度雄性荷尔蒙激素水平,此外,神经支配能力和肌纤维类型比例等因素对力量训练的适应效果也有很大区别。在上述个体因素的影响下,对于不同年龄阶段的运动员而言,在进行力量训练刺激后上述因素对受训练者力量提高的贡献比例不同,就肌纤维肥大因素而言,处于青少年期的运动员其荷尔蒙激素水平处于发展缓慢的年龄阶段,由于荷尔蒙激素水平直接影响肌肉蛋白质的合成和肌纤维的肥大,因此该时期的力量训练很难诱使其产生肌纤维肥大的适应性生理变化,而到了成年阶段,由于人体荷尔蒙激素水平很快上升,荷尔蒙对促使肌纤维肥大就具有重要意义,因此在此阶段,荷尔蒙激素水平和肌纤维肥大就成为了力量提高的重要贡献因素,与此同时,力量训练对青少年的荷尔蒙成长也具有促进作用;相同原理,受遗传因素影响较大的最大摄氧量因素,对运动员个体进行耐力训练后的适应程度也有很大区别,这都是建立优秀运动员个体化训练模型的基础。

(四)循证实践

循证实践也称为循证医学,指全面系统地收集、整理和分析文献中的最佳证据并为具体实践提供参考。循证实践理念起源于医学的临床领域,主张"慎重、准确和明智地应用当前所能获得的最好研究依据,结合临床医生的个人专业技能和多年临床经验,考虑患者的价值和愿望,将三者完美地结合,制订出治疗措施",循证医学的出现在短期内取得了巨大的成功,不仅向整个医疗服务领域渗透,还影响到了邻近的人文社会科学的实践领域,如循证教育学、循证管理学、循证经济学、循证图书馆学、循证犯罪学、循证软件工程学等学科领域,这种理念已广泛应用于信息科学和体育学等领域。在训练过程中,将运动员在接受训练刺激后,竞技能力关键指标所表现出的特征为证据进行实践决策,将是有效提高运动员专项成绩的有效途径。

第四章

皮划艇运动员竞技能力模型框架的构建

运动员竞技能力特征模型,在本书中指以系统的观点对其构成要素之间的共性与个性进行研究,从而把握该运动项目竞技能力代表性特点的特征与本质,形成概念系统,并对以后发展该项目运动员竞技能力的过程产生指导性作用,这种概念系统就称为竞技能力特征模型。皮划艇运动员的竞技能力特征模型是指选取皮划艇静水项目为研究对象,研究皮划艇静水项目运动员竞技能力代表性特点的特征与本质,形成该项目竞技能力特征的概念系统,这种概念系统就称为皮划艇运动员的竞技能力特征模型。

一、皮划艇运动员竞技能力特征模型的结构框架

结构一词,从哲学上讲,指的是不同类别或相同类别的不同层次按程度多少的顺序进行有机排列。一般意义上的结构指的是一种观念形态,又是物质的一种运动状态。"结"是结合之义,"构"是构造之义,合起来理解就是主观世界与物质世界的结合构造的意思。因而,在意识形态世界和物质世界得到广泛应用。在本书中,当研究皮划艇运动员竞技能力特征模型时,首先要建立特征模型整体与各部分之间的搭配关系,合理安排模型的层次性与纵向层次、横向层次各因素之间的逻辑性与关联性。由于二级层次要素的设计构成了皮划艇运动员竞技能力的内容体系,从第三层到第八层,都是在二级层次要素的基础上细化下去,并且越来越显现出皮划艇运动的专项能力特征。

本书欲以层次分析法的主要思想为基本思路,系统研究所要分析的问题,并将其层次化、结构化。根据问题的性质和所要达到的总目标,将其定义为总目标层,在这里即为皮划艇静水项目运动员竞技能力特征,然后将所要研究的问题分解为不同的组成元素,并按这些因素的相关程度及其隶属关系,组成阶层图的中间层或基准层,中间层或基准层是所研究问题的基本属性;结构图的最低层为方案层,即在皮划艇运动员的训练实践

过程中所应用的测试评价指标。最后,将所有层次指标按不同的层次逻辑聚集组合,形成一个多层次分析特征指标结构模型。

组成皮划艇运动员竞技能力特征模型的层次要素是一个系统的整体,它们之间存在着复杂相关性,同时也与外界环境相关联,当一个要素发生变化时,与之相关的其它要素也会随之发生变化,从而导致整体竞技能力特征模型发生变化。每一个层次要素都具有鲜明的层次性或等级性,表现在每一个层次要素包括更低层次的子要素,有效地发挥竞技能力依赖于构成竞技能力的各要素按照一定的层次或等级次序有机地结合起来。

皮划艇运动员的竞技能力特征模型是个开放的系统,它不断地与环境进行物质、信息和能量的交换,竞技能力的保持与发展都依赖于这种交换过程。从内部来看,皮划艇运动员的竞技能力是一个不断发展变化的系统,构成其结构的子系统与子要素也在不断地发展变化。由于竞技能力是具体的,随着竞技能力的发展,一般能力与专项能力之间的结合度也会越来越高,因此,在本书所建立模型的最底层元素中,都是由具体的皮划艇训练实践测试指标组成。

本书在对皮划艇运动员的竞技能力特征模型这一个复杂的功能系统进行层次分析时,前三层的解析原则是按照一般训练学的知识结构,如总的系统研究目标皮划艇运动员的竞技能力特征由体能特征、技能特征、心能特征三个一级层次要素所构成,按照一般训练学知识体系的逻辑结构,体能特征又包括身体形态特征、生理机能特征、运动素质特征这三个二级层次要素,依次类推(图4-1);第四至七层是按照学科知识体系,如在能量系统层次元素的解析过程中,按照运动生理学的学科知识体系,将能量系统分解为有氧代谢系统与无氧代谢系统两大层次元素,进而按无氧运动过程中有无乳酸产生进一步将无氧系统分解为乳酸能系统和磷酸原系统,依次类推;第八层则是按照皮划艇专项知识体系中对应的应用指标来进行赋值。值得注意的是,在专项技术与专项战术的解析过程中,由于这两个层次元素专项性较强,因此从第七层开始已按照皮划艇专项知识体系进行划分。

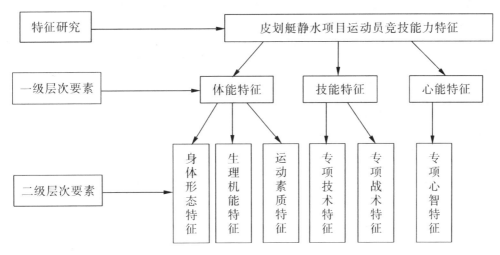

图 4-1　皮划艇运动员竞技能力特征模型一级、二级层次结构

二、皮划艇运动员竞技能力特征结构与构成要素

(一) 皮划艇运动员的生理机能特征结构与构成要素

在对皮划艇运动员的生理机能特征部分进行划分时,按照各个层次间的隶属关系进行逐步递进分解的原则,首先将皮划艇运动员的生理机能特征要素按照生理学的知识结构划分为能量系统、心肺系统、神经系统与肌肉系统,然后再对各个部分进行逐个划分,直到分解至第八层的皮划艇运动实践过程中的具体应用指标。例如在对能量系统进行划分时,首先依据生理学和生物化学的角度,当人体运动时,所需的能量供应是有氧供能与无氧供能两大渠道,根据能源物质的特点,无氧供能系统中有磷酸原供能与糖酵解供能两大子系统,这两者的共同特点是在供能过程中都不需要氧的参与,区别是磷酸原供能时不产生乳酸,而糖酵解无氧供能过程中会有乳酸产生;有氧供能系统中可利用的能源物质有糖、脂肪与蛋白质,在氧供应充足的情况下,这些能源物质可以分解产生能量以维持人体的运动能力,对这些能源物质分解后代谢物水平的监测,便成了在训练实践过程中常用的生理学指标,也就是下表中的八级层次要素,其他层次要素的划分依此类推。见表 4-1。

(二) 皮划艇运动员的运动素质特征

本书在对体能部分的运动素质层次要素进行分层解析时,在分解过程中将运动员竞技能力的运动素质部分分为力量系统、耐力系统、速度系统、柔韧系统四大层次元素,按照

《运动训练学》(人民体育出版社,2000 年 8 月版)对人体运动素质的分类,素质应包括力量素质、耐力素质、速度素质、柔韧素质与灵敏素质五种,还有一些资料将人体的协调能力与平衡能力也算在运动素质当中,但由于本书是以皮划艇运动员的竞技能力特征为研究对象,依据皮划艇运动员所从事项目的特点及对身体素质的特殊要求,灵敏素质与皮划艇项目相关性较低,因此本书将灵敏素质去除,不在运动素质层次指标中对其进行研究(表 4-2)。

表 4-1 皮划艇运动员的生理机能特征层次结构要素图

三级层次要素	四级层次要素	五级层次要素	六级层次要素	七级层次要素	八级层次要素
能量系统	有氧代谢系统		有氧功能	中长时(3~20分钟)最大输出	(皮划艇测功仪测试)最大摄氧量值
					(皮划艇测功仪测试)通气阈值
					(皮划艇测功仪测试)次最大运动负荷值
					(水上专项测试)个体乳酸阈 IAT 值
					(水上专项测试)4 mmol/L 乳酸阈(AT4)值
					(水上专项测试)最大乳酸稳态 MLSS 值
					血睾酮 T/皮质醇 C 值
	无氧代谢系统	乳酸能系统	乳酸无氧功能	短时(45~90 s)最大输出	(皮划艇测功仪测试)最大氧亏积累值
					(皮划艇测功仪测试)疲劳百分数(疲劳%)值
					(水上专项测试)最大乳酸积累值
		磷酸原系统	非乳酸无氧功能	极短时(少于10 秒)最大输出	30 s 最大强度划船运动后血乳酸值
					血清肌酸激酶 CK 值
					10 s 划船动作最大功量值
					10 s 划船动作平均功量值
				瞬时(1~3 s)最大输出	3 s 划船动作最大功量值
					3 s 划船动作平均功量值

续表 4-1

三级层次要素	四级层次要素	五级层次要素	六级层次要素	七级层次要素	八级层次要素
心肺系统		中央机制	心功能	心输出量	每搏输出量
					血压
					总外周阻力指数 TPRI 值
				心率	静息心率
					最大心率
			肺功能	肺通气量	肺活量
					连续肺活量
					时间肺活量
					最大通气量
				肺换气量	通气/血流比值
					动静脉氧差值
		外周机制	骨骼肌功能		肌糖原含量
					有氧代谢供能能力性
					肌纤维类型：Ⅰ型肌纤维、Ⅱa型肌纤维、Ⅱb型肌纤维
			血液功能		水比重值
					白蛋白含量值
					铁离子数量值
					红细胞数量值
					血红蛋白含量 Hb 值
					淋巴细胞值
					血小板计数值
					血尿素 BUN

续表 4-1

三级层次要素	四级层次要素	五级层次要素	六级层次要素	七级层次要素	八级层次要素
神经系统	中枢神经系统	脑	大脑功能		划桨动作学习能力性
					划桨技能储备能力
			小脑功能		船艇平衡感功能性
					划桨动作肌肉运动共济性
					划桨动作节奏与协调性
			脑干功能		划桨姿势反射维持性
					人体船艇位置调控性
		脊髓	反射功能		屈肌反射性
					对侧伸肌反射性
					牵张反射性（腱反射和肌紧张）
	周围神经系统	躯体神经	脑神经功能	感觉神经	感觉神经兴奋性
					感觉神经抑制性
				运动神经	运动神经兴奋性
					运动神经抑制性
				混合神经	混合神经兴奋性
					混合神经抑制性
			脊神经功能		脊神经功能兴奋性
					脊神经功能抑制性
		内脏（自主）神经	内脏运动神经功能	交感神经	交感神经兴奋性
					交感神经抑制性
				副交感神经	副交感神经兴奋性
					副交感神经抑制性
			内脏感觉神经功能		内脏感觉神经兴奋性
					内脏感觉神经抑制性

续表 4-1

三级层次要素	四级层次要素	五级层次要素	六级层次要素	七级层次要素	八级层次要素
肌肉系统	骨骼肌系统	头颈肌	支持功能		划行中头颈肌稳定性
					划行中头颈肌支撑性
		躯干肌	运动功能	收缩速度	躯干肌肌纤维类型
					躯干肌肌肉弹性
					划桨动作躯干肌神经肌肉控制性
					划桨动作躯干肌肌内协调性
					划桨动作躯干肌肌间协调性
				收缩强度	*躯干肌肌纤维类型
					躯干肌肌肉围度
					*划桨动作躯干肌神经肌肉控制性
					*划桨动作躯干肌肌内协调性
					*划桨动作躯干肌肌间协调性
			支持功能		躯干支持体形（躯干肌外形）
					划行中身体平衡控制能力性
					划行中动作姿态保持能力性
		四肢肌	运动功能	收缩速度	四肢肌肌纤维类型
					四肢肌肌肉弹性
					划桨过程中四肢肌神经肌肉控制性
					划桨过程中四肢肌肌内协调性
					划桨过程中四肢肌肌间协调性
				收缩强度	*四肢肌肌纤维类型
					四肢肌肌肉围度
					*划桨过程中四肢肌神经肌肉控制性
					*划桨过程中四肢肌肌内协调性
					*划桨过程中四肢肌肌间协调性
			支持功能		四肢肌支持体形（四肢肌外形）
					划行中四肢肌平衡控制能力性
					划行中四肢肌姿态保持能力性

表4-2 皮划艇运动员的运动素质特征层次结构要素图

三级层次要素	四级层次要素	五级层次要素	六级层次要素	七级层次要素	八级层次要素
力量	力量耐力		持续功能	短时力量耐力	(一般)10″左右(3~10次)中大负荷卧推值
					(一般)10″左右(3~10次)中大负荷卧拉值
					(专项)水上划10″桨下力量保持能力性
				中时力量耐力	(一般)30″~90″(20~50次)中小负荷卧推值
					(一般)30″~90″(20~50次)中小负荷卧拉值
					(专项)水上划30″~90″桨下力量保持能力性
				长时力量耐力	(一般)2′~4′(50~100次)中小负荷卧推值
					(一般)2′~4′(50~100次)中小负荷卧拉值
					(专项)水上划2′~4′桨下力量保持能力性
			保持功能		水上静态平衡力量能力性
					水上动态(恢复)平衡力量能力性
	速度力量		克制及退让功能	爆发力	(一般)上肢拉功率值
					(一般)上肢推功率值
					(一般)蹬转功率值
				起动力	(一般)立定跳远值
					(一般)前抛实心球远度值
					(专项)起航桨下最大功率值
	最大力量		克制及退让功能	绝对最大力量	(一般)1RM 最大卧推值
					(一般)1RM 最大卧拉值
					(一般)仰卧起最大负重值
					(一般)背起最大负重值
					(一般)最大握力值
					(专项)起航阶段桨下最大力值
					(专项)加速阶段桨下最大力值
					(专项)途中阶段桨下最大力值
					(专项)冲刺阶段桨下最大力值
				相对最大力量	(一般)1RM 最大负重引体值
					(一般)1RM 最大负重双杠臂屈伸值

续表 4-2

三级层次要素	四级层次要素	五级层次要素	六级层次要素	七级层次要素	八级层次要素
耐力	无氧耐力		短时持续功能	极短无氧耐力(10 s左右)	(一般)60 m 跑时间
					(专项)50 m 划时间
				短时无氧耐力(45~90 s)	(一般)350 m 跑时间
					(专项)250 m 划时间
	有氧耐力		长时持续功能	中-长时有氧耐力(3~20分钟)	(一般)3000 m 跑时间
					(专项)2000 m 划时间
				长时有氧耐力(20~60分钟)	(一般)长距离跑成绩
					(专项)5000 m 划时间
					(专项)12000 m 划时间
				超长时有氧耐力(1~4小时)	(一般)超长距离跑成绩
					(专项)水上马拉松划时间
速度	动作速度	专项动作速度	单个动作效率功能	瞬时速度	入水瞬时艇速值
					拉桨瞬时艇速值
					出水瞬时艇速值
					回桨瞬时艇速值
				角速度	躯干旋转角速度值
					上肢环节(推位)运动角速度值
					下肢环节(蹬伸)运动角速度值
			连续动作效率功能		起航阶段桨频值
					加速阶段桨频值
					途中阶段桨频值
					冲刺阶段桨频值
	位移速度	专项位移速度	移动功能		起航阶段艇行进平均速度值
					加速阶段艇行进平均速度值
					途中阶段艇行进平均速度值
					冲刺阶段艇行进平均速度值
			加速功能		起航阶段艇加速度值
					加速阶段艇加速度值
					途中阶段艇加速度值
					冲刺阶段艇加速度值
	反应速度		应变功能		划行中简单情况身体反应速度性
					划行中复杂情况身体反应速度性

续表4-2

三级层次要素	四级层次要素	五级层次要素	六级层次要素	七级层次要素	八级层次要素
柔韧		一般柔韧性	一般伸展功能		(一般)躯干伸展度
					(一般)四肢伸展度
			一般弹性功能		(一般)动态躯干伸展度
					(一般)动态四肢伸展度
		专项柔韧性	专项伸展功能		(专项)划桨动作躯干伸展度
					(专项)划桨动作四肢伸展度
			专项弹性功能		(专项)划桨动作动态躯干伸展度
					(专项)划桨动作动态四肢伸展度

(三)皮划艇运动员的专项技术特征

在对皮划艇运动员专项技术特征进行划分时,按照训练实践的需要,将皮划艇运动员的专项技术分为基本(陆上)技术与水上技术,如基本技术部分包括运动员的一些基本预备功能,如握桨动作及个人调艇能力,运动员在水上划行时如果握桨过紧会导致划桨动作僵硬,动作幅度打不开;而运动员的个人调艇能力也会影响到在运动员实际划行过程中动作姿势的好坏及艇的行进,这些细节功能往往会影响到运动员在水上技术的整体质量,因此也都在表4-3中进行了归纳与收录。

表4-3 皮划艇运动员的专项技术特征层次结构要素图

三级层次要素	四级层次要素	五级层次要素	六级层次要素	七级层次要素	八级层次要素
基本技术			基础功能	单人艇	个人选桨能力性
					握桨动作质量性
					个人调艇能力性
					坐姿(跪姿)动作质量性
				多人艇	个人选位能力性

续表4-3

三级层次要素	四级层次要素	五级层次要素	六级层次要素	七级层次要素	八级层次要素
水上技术	单桨技术	空中部分	滑行功能		桨出水点角度值
					桨出水点与桨手躯干（矢状轴与额状轴）距离值
					桨还原点角度值
					桨还原点与桨手躯干（矢状轴与额状轴）距离值
					伸桨点角度值
					伸桨点与桨手躯干（矢状轴与额状轴）距离值
		水中部分	做功功能		桨入水点角度值
					桨入水点与桨手躯干（矢状轴与额状轴）距离值
					桨垂直点桨入水深度值
					桨垂直点拉桨速度值
					（划艇）桨操向点角度值
					（划艇）桨操向点（矢状轴与额状轴）距离值
	多桨技术	整体部分	整体功能		起航、加速、途中、冲刺阶段桨频
					起航、加速、途中、冲刺阶段桨数
					起航、加速、途中、冲刺阶段时间
		细节部分	细节功能	单人艇	发力顺序经济性
					桨运行路线合理性
					划桨重心（上下、左右）波动幅度值
					划桨动作（用力、时间、呼吸）节奏质量性
					左右桨（划艇每桨）动作对称性
					左右桨（划艇每桨）效果一致性
				多人艇	前后桨手每桨动作对称性
					前后桨手每桨动作一致性

（四）皮划艇运动员的专项战术特征

在对技能专项战术部分指标的分析过程中，在分类时是按照《运动训练学》（人民体育出版社,2000 年 8 月版)对战术的分类中,按照战术的表现特点,应该为阵形战术、体力分配战术、参赛目的战术、心理战术四类,根据皮划艇的项目特征与比赛规则特点,对于集体战术如球类项目中常见的阵形战术,在皮划艇比赛中很少加以应用;对于参赛目的的战术,由于皮划艇是在公开水域中进行比赛,没有记录,只有最好成绩,因此不存在创记录战术,夺标战术虽然在比赛中也有应用,但也是建立在体能分配战术的基础之上,因此,本书中对皮划艇运动员战术能力特征分类时,只采用了与皮划艇比赛特点最相关的心理战术与体能分配战术为四级层次要素,并在此基础上进行进一步的分析。

此外,在技能的专项战术部分中,由于本书研究的是以参加奥运、全运皮划艇项目的运动员竞技能力特征模型,关注的是在 1000 m 与 200 m 这两个奥运、全运项目距离段上具有突出表现的高水平皮划艇运动员,虽然在世锦赛、世青赛与世界杯的比赛中,都有长距离的比赛项目(5000 m),国内的全国青年锦标赛与冠军赛上也都有长距离的比赛项目(如 5000 m、8000 m、12 000 m),但这些项目上获得优异成绩的运动员与在奥运、全运项目上的优秀运动员还是有一定差异性,因此,本书只研究直道距离比赛运动员的比赛战术特征(表 4–4)。

表 4–4　皮划艇运动员的专项战术特征层次结构要素图

三级层次要素	四级层次要素	五级层次要素	六级层次要素	七级层次要素	八级层次要素
直道战术	心理战术		干扰功能		皮划艇比赛经验水平
					皮划艇比赛规则熟悉水平
					熟悉对手水平
					皮划艇专项智能水平
					心理素质稳定性水平
					自我行为控制能力水平
	体能分配战术		制胜功能	单人艇	皮划艇专项体能水平
					皮划艇专项技能水平
					皮划艇专项理论水平
					划桨节奏控制水平
				多人艇	划桨配合熟练水平
					信任同艇队友水平
			夺权功能		皮划艇比赛现场应变能力水平
					皮划艇比赛场地熟悉程度
					借浪与反借浪能力水平
弯道战术	(非奥运、全运会比赛项目,在此不做分析)				

（五）皮划艇运动员的专项心智特征

在心能部分,在最底层(第八层)中,共分解出 52 个特征指标,本书在三级层次要素的分解过程中,将运动员竞技能力的专项心智部分分为心理能力与智力能力层次元素,在这里应当特别指出的是,在智力能力部分,由于本书研究的是高水平专业皮划艇运动员的专项智能特征,因此并没有完全按照当下流行的智力分类方法,如表 4-5、表 4-6 所示。在与多位专项教练与相关专家的探讨与沟通后,只选择与皮划艇专项运动员相关的空间智力进行研究。

表 4-5　智力分类法

学者	理论名称	理论要点
Charles Spearman（英国）	General Intelligence 整体智力（1904年）	智力是一个整体的能力,体现人的各项认知能力
Louis L. Thurstone（美国）	Primary Mental Ability 大脑基本能力（1938年）	智力并非单一的能力,而是由多项基本能力组成的,分别是语言理解、推理能力、理解速度、数字能力、词汇运用、联想记忆、空间想象
Raymond Cattelll（美国）	Crystallized Fluid Intelligence 晶体智力、流体智力（1967年）	智力分两种,一种是抽象的逻辑推理能力（Fluid Intelligence,流体智力）,另一种是知识经验水平（Crystallized Intelligence,晶体智力）
Howard Gadner（美国）	Multiple Intelligence 多种智力（1983年）	智力有多重维度,并非单一,是有 8 种互不相同的能力组成,分别是视觉-空间智力、文字-语言智力、身体-运动智力、逻辑-数学智力、人际交往智力、音乐智力、自我控制能力、自然感知能力
Robert Sternberg（美国）	Triarchic Theory of Intelligence 三角智力（1985年）	智力更倾向于大脑活动,是人类有目的地适应、选择、改造自身环境和生活的能力,分三种:分析智力——抽象解决问题的能力、创造智力——用过去的经验和工具来解决新问题的能力、实践能力——适应变化环境的能力

表4-6 皮划艇运动员的专项心智特征层次结构要素图

三级层次要素	四级层次要素	五级层次要素	六级层次要素	七级层次要素	八级层次要素
心理能力	个性心理	个性倾向性	需要功能		在专业队的生活过程中的归属感水平
					在专业队的生活过程中所感到的爱水平
					在专业队的生活过程中获得的尊重水平
					在专业队的生活过程中获得的自尊水平
					在专业队的生活过程中自我实现水平
			内在驱动力功能		对从事皮划艇运动的内在动机水平
					对从事皮划艇运动的外在动机水平
			兴趣功能		对皮划艇运动的直接兴趣水平
					对皮划艇运动的间接兴趣水平
		个性特征	活动效率影响力功能		皮划艇专项认识水平
					皮划艇专项操作水平
					社交能力水平
			气质功能		多血质因素表现水平
					黏液质因素表现水平
					胆汁质因素表现水平
					抑郁质因素表现水平
			性格倾向功能		理智表现特征水平
					情绪表现特征水平
					意志表现特征水平

续表 4-6

三级层次要素	四级层次要素	五级层次要素	六级层次要素	七级层次要素	八级层次要素
心理能力	心理过程		认知功能	观察力	皮划艇专项综合型观察力水平
					皮划艇专项分析型观察力水平
					皮划艇专项综合-分析型观察力水平
				注意力	划桨视觉注意力水平
					划桨听觉注意力水平
					划桨触觉辅从注意力水平
					划桨语听注意力水平
					划桨视触注意力水平
				记忆力	皮划艇专项概念记忆水平
					皮划艇专项行为记忆水平
				想象力	皮划艇专项再造想象力水平
					皮划艇专项创造想象力水平
			情感功能	对物	对皮划艇专项的正向情感水平
					对皮划艇专项的负向情感水平
				对人	对他人的正向情感水平
					对他人的负向情感水平
				对己	对自我的正向情感水平
					对自我的负向情感水平
				对特殊事物	对特殊事物的正向情感水平
					对特殊事物的负向情感水平
			意志功能		皮划艇专项训练自觉性水平
					皮划艇专项训练果断性水平
					皮划艇专项训练坚持性水平
					皮划艇专项训练自制性水平

续表 4-6

三级层次要素	四级层次要素	五级层次要素	六级层次要素	七级层次要素	八级层次要素
智能能力	空间智能		空间方位感知功能	时空感知	划桨时间知觉水平
					划桨空间知觉水平
				运动感知	划行中空间位移知觉水平
					划行中位移速度知觉水平
				物体感知	划行中形状知觉水平
					划行中大小知觉水平
					划行中深度知觉水平
					划行中距离知觉水平
					划行中方位知觉水平

第五章 优秀皮划艇运动员竞技能力特征指标的筛选

根据已设计出的皮划艇运动员竞技能力特征指标层次结构,设计出调查问卷。由于本研究设计出的皮划艇运动员竞技能力特征指标较多,共有253个应用性指标,受指标量与调查样本量的限制,本书采用了两轮问卷调查结合专家实践经验法进行筛选,第一轮采用德尔菲法,利用2014年皮划艇世锦赛暨仁川亚运会选拔赛和2014年广东省青少年皮划艇(静水)锦标赛的机会,共发放问卷17份(见附录2),全部为高级以上职称的专家或教练员,采用五等10级评分法,对所列出的所有指标进行赋值,赋值0为"不必要",赋值1~3为"不太重要",赋值4~6为"较重要",赋值7~9为"重要",赋值10则为"很重要"。在问卷回收与统计工作结束后(见附录3),利用SPSS18.0中文版统计软件对相关数据进行信度验证,由于本调查问卷只进行了一次,因此采用了折半信度检验。由于先前利用Excel软件统计问卷结果时,在一个表格文件中分成了六个工作表,在利用SPSS进行统计时,将这六个表格重新合成为一个总表,再对总表进行验证。验证结果见表5-1、表5-2。

表5-1 调查问卷总表处理汇总

		N	%
案例	有效	17	94.4
	已排除[a]	1	5.6
	总计	18	100.0

a. 在此程序中基于所有变量的列表方式删除。

表5-2 调查问卷可靠性统计结果

Cronbach's Alpha	部分 1	值	0.982
		项数	127[a]
	部分 2	值	0.988
		项数	126[b]
		总项数	253
表格之间的相关性			0.919
Spearman-Brown 系数		等长	0.958
		不等长	0.958
Guttman Split-Half 系数			0.955

在利用 SPSS 的可靠性分析中的半分模型对调查问卷结果进行信度检验后,得到 Guttman 折半系数为 0.955,由于调查问卷的总指标数为 253 个为奇数,裂半后两部分项目个数不等长,因此利用不等长期皮尔曼·布朗公式加以校正后,折半系数为 0.958。说明本次专家调查问卷的结果可信度甚佳。

为了得到具有代表性的皮划艇运动员专项竞技能力指标,本书共进行了两轮的指标筛选工作,第一轮的筛选利用德尔菲法,第二轮则利用因子分析法(见附录 3)。在经过第一轮的筛选后,共得到了三大部分共 33 个指标。其中生理机能部分 12 个指标、运动素质部分 10 个指标、技能与心能部分共 11 个指标。为了进一步精简指标,本书用因子分析法进行第二轮的筛选工作,共得到了 12 个主因素代表性指标。在筛选出最后的皮划艇运动员竞技能力代表性特征指标后,笔者通过发放问卷、电子邮件及电话访谈的形式,共向 24 名皮划艇专项与非专项的专家学者进行调查,结果为认同度高度一致,说明本书经过筛选后的皮划艇运动员竞技能力代表性特征指标得到了专家们的肯定,结果具有科学性与严谨性。由于皮划艇竞速运动从项目特征上来讲属于体能主导类项目,因此体能部分指标过多,而技能与心能部分则相对来说指标较少。根据皮划艇竞速运动的特点,本书将体能部分中的生理机能与运动素质部分的指标分别进行分析,而将技能与心能部分的特征指标合并进行分析,分析过程中首先采用权重因素记分法与因子分析法相结合的办法对八级特征指标进行降维,等到结果出来后再进行逻辑判断,用经验法再对一些可能被删去的重要指标或是应用价值上有重复的指标进行修改,以增加以后研究的可靠性与便捷性。

一、体能类指标的筛选

根据目前的研究成果及笔者在运动队一线长期工作的实践经验,在日常训练工作中,有目的、系统地观察与收集运动员的各项实验测试数据,从而发现某种影响运动员个体竞技能力水平形成的客观规律,是作为训练主体的教练员对客体运动员的竞技能力进行调控的主要依据。由于本研究选择的项目是皮划艇静水(竞速),是一种典型的体能主导类项目,与对抗类项目相比,皮划艇比赛成绩受对手影响的程度不高,主要是以运动员自身的实力与比赛发挥为主要影响因素;因此,对于本研究中优秀皮划艇静水运动员竞技能力的形成影响因素,只对运动员的个体指标进行。

对于本研究中优秀皮划艇运动员竞技能力的构成因素,可从运动员的体能能力因素、技能能力因素、心能能力因素三方面进行。根据研究前期对皮划艇项目高级以上教练员的专家访谈,受访谈者都认为对于高水平运动员,心理能力的因素起着至关重要的作用,但如何进行具体因素的选取与测量,则有较大难度,多数教练员表示可直接从运动员的体能测试数据中间接表现出来,因为对于体能类项目运动员,特别是到了赛前阶段,不会过多关注运动员具体技术细节的问题,而是更多地对运动员心理能力的调控,而体能类项目运动员心理能力的水平可以直接从其体能测试数据中反映,因此,本书从训练实际情况出发,对于运动员竞技能力模型的构建,主要从运动员的体能类能力指标进行。

(一)机能类指标的筛选

1.基于德尔菲法的第一轮指标筛选

对于生理机能部分的八级特征指标的筛选,首先使用德尔菲法进行第一轮的筛选。本书专家问卷采用五等 10 级评分法,全部统计数据在 Excel 2003 表格中实现统计。对所列出的所有指标进行赋值,问卷中赋值 0 为不重要;赋值 1~3 为不太重要;赋值 4~6 为较重要;赋值 7~9 为重要;赋值 10 为很重要。经专家评分赋值后,按加权系数法,在 Excel 2003 表格中首先利用"countif( )"公式统计各赋值范围内的字段个数,在 Excel 2003 表格中实现表达式,见表5-3。

表5-3 问卷结果德尔斐法在 Excel 2003 表格中实现表达式

等级	赋值范围	Excel 2003 实现统计公式
不重要	0	=COUNTIF(计算区域,"=0")

续表5-3

等级	赋值范围	Excel 2003 实现统计公式
不太重要	1~3	=COUNTIF(计算区域,">0")−COUNTIF(计算区域,">3")
较重要	4~6	=COUNTIF(计算区域,">3")−COUNTIF(计算区域,">6")
重要	7~9	=COUNTIF(计算区域,">6")−COUNTIF(计算区域,">9")
很重要	10	=COUNTIF(计算区域," =10")

然后按照上述方法统计问卷评价结果,以能量系统的有氧功能层次元素所对应的下属第八级特征应用特征指标元素,以这七个指标的统计为例加以说明,具体如表5-4所示。

表5-4 皮划艇运动员竞技能力能量层次元素八级特征指标权重计算表

指标	重要性评价(%)					F	%
	很重要	重要	较重要	不太重要	不重要		
(皮划艇测功仪测试)最大摄氧量值	5	8	3	1	0	102	14.2
(皮划艇测功仪测试)通气阈值	2	8	4	3	0	94	13.1
(皮划艇测功仪测试)次最大运动负荷值	1	8	6	2	0	93	12.9
(水上专项测试)个体乳酸阈IAT值	8	8	0	1	0	108	15.0
(水上专项测试)4 mmol/L乳酸阈(AT4)值	8	9	0	0	0	110	15.3
(水上专项测试)最大乳酸稳态MLSS值	6	8	3	0	0	105	14.6
血睾酮T/皮质醇C值	8	6	3	0	0	107	14.9
					Σ	719	100

首先要逐行计算F,公式:$F=\Sigma((n+1-i)fi)$

(注:n为指标数;i为序号;fi为序号i内的频数)

然后对F值进行归一化处理。利用公式$\%X=Fx\div\Sigma F$

(注:X为某个具体的指标,Fx为该指标的F值,ΣF为各指标F值的总和)

在本例中,以第一个指标"(皮划艇测功仪测试)最大摄氧量值"的计算过程为例,由于共选取了7个指标,因此n为7;根据公式可得"很重要"评价项序号为1、"重要"评价项序号为2、"较重要"评价项序号为3、"不太重要"评价项序号为4、"不重要"评价项序号为5,因此,指标"(皮划艇测功仪测试)最大摄氧量值"的$F=(7\times5)+(6\times8)+(5\times3)+(4\times1)+(3\times0)=102$;由于本例中的$\Sigma F$为719,因此$\%X=(102\div719)\%=14.2\%$,14.2%即为指标"(皮划艇测功仪测试)最大摄氧量值"的权重系数。

其余指标的计算方式根据此推导公式依次类推。

通过以上计算与排序方式,在生理机能部分的90个八级应用特征指标元素中,与其他元素权重值有明显差距的是排名前12位的指标,如表5-5。

表5-5　生理机能部分权重排名前12位指标

排序	指标	%X(权重)
1	(水上专项测试)4 mmol/L乳酸阈(AT4)值	1.1200
2	船艇平衡感功能性	1.1200
3	(水上专项测试)最大乳酸积累值	1.1193
4	划桨动作躯干肌肌内协调性	1.1193
5	(水上专项测试)个体乳酸阈IAT值	1.1186
6	划桨动作肌肉运动共济性	1.1186
7	划桨动作躯干肌神经肌肉控制性	1.1186
8	血睾酮T/皮质醇C值	1.1178
9	有氧代谢供能能力性	1.1178
10	划行中身体平衡控制能力性	1.1171
11	划行中四肢肌平衡控制能力性	1.1171
12	划行中四肢肌姿态保持能力性	1.1171

2. 基于因子分析法的第二轮指标筛选

根据权重法进行一次降维后,生理机能部分的八级层次指标从90个降到了12个,虽然这些指标已经能够较为详细的描述关于皮划艇运动员竞技能力中生理机能方面的信息,但从日后的指标分析与描述角度来说仍然较多,而且许多指标之间还是有可能存在相关性(图5-1)。例如,一方面,有氧能力的提高可以在整体上补充和支持无氧乳酸的代谢,进而达到提高无氧耐力的目的;另一方面,有氧能力也可以通过无氧阈强度的训练得到提高。可见,有氧功能与无氧功能是相互影响、互为支持、彼此制约的关系,这两种功能指标之间也一定存在着相关性,为了能够用较少的指标尽量全面地反映皮划艇运动员竞技能力中的生理机能的主要信息,本研究又根据具体的情况利用因子分析法进行了进一步的降维,从而达到精选与优化八级指标的目的。

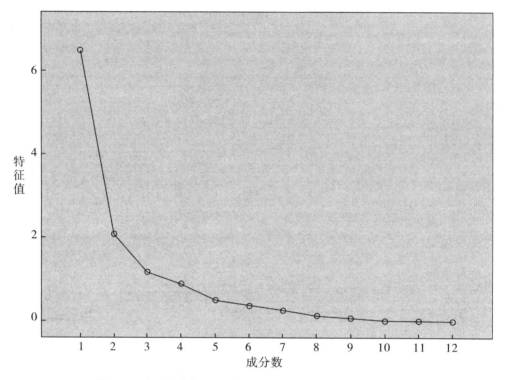

图 5-1 生理机能部分经过第一次降维后的 12 个因子碎石图

为了判断提取的公因子数量,先利用 SPSS 因子分析中的碎石图功能来协助判断,如图 5-1 所示,横轴为因子序号,纵轴为特征根大小,它将因子按特征根从大到小排列。从上图中可直接观察到,前 4 个因子对应的陡坡较大,作用明显,后面的 8 个因子散点形成了平台,因此,生理机能部分的公因子考虑前 4 个较为适合(表 5-6)。

表 5-6 生理机能部分样本适当性度量的 KMO 值和巴特利特球度检验 KMO 和 Bartlett 的检验

取样足够度的 Kaiser-Meyer-Olkin 度量。		0.518
Bartlett 的球形度检验	近似卡方	223.720
	df	66
	Sig.	0.000

从表 5-6 中可以看出,12 项生理机能类特征指标进行因子分析的 KMO 值等于 0.518,属于可接受尺度;巴特利特球度检验的相伴概率等于 0.000,具有高度显著性,说明生理机能类的 12 项特征指标适合做因子分析(表 5-7)。

表5-7　生理机能部分样本变量共同度公因子方差

	初始	提取
（水上专项测试）个体乳酸阈 IAT 值	1.000	0.803
（水上专项测试）4 mmol/L 乳酸阈（AT4）值	1.000	0.926
血睾酮 T/皮质醇 C 值	1.000	0.820
（水上专项测试）最大乳酸积累值	1.000	0.729
有氧代谢供能能力性	1.000	0.335
划桨动作肌肉运动共济性	1.000	0.824
划桨动作躯干肌神经肌肉控制性	1.000	0.885
划桨动作躯干肌肌内协调性	1.000	0.909
划行中身体平衡控制能力性	1.000	0.902
划行中四肢肌平衡控制能力性	1.000	0.955
船艇平衡感功能性	1.000	0.781
划行中四肢肌姿态保持能力性	1.000	0.885
提取方法:主成分分析		

从12项特征指标的因子共同度来看，除了"有氧代谢供能能力性"的值为0.335外，其它11项指标的值均在0.7以上，说明所提取的因子可以较好地反映各原始变量的信息，而对"有氧代谢供能能力性"指标进行保留（表5-8）。

表5-8　生理机能部分经过第一次降维后的12个因子特征值解释的总方差

成分	初始特征值			提取平方和载入			旋转平方和载入		
	合计	方差的 %	累积 %	合计	方差的 %	累积 %	合计	方差的 %	累积 %
1	6.489	54.078	54.078	6.489	54.078	54.078	3.815	31.790	31.790
2	2.085	17.378	71.456	2.085	17.378	71.456	2.998	24.984	56.774
3	1.177	9.811	81.267	1.177	9.811	81.267	2.939	24.493	81.267
4	0.899	7.495	88.761						
5	0.493	4.107	92.869						
6	0.368	3.067	95.935						
7	0.261	2.176	98.111						
8	0.132	1.102	99.213						
9	0.070	0.585	99.798						

续表5-8

成分	初始特征值			提取平方和载入			旋转平方和载入		
	合计	方差的 %	累积 %	合计	方差的 %	累积 %	合计	方差的 %	累积 %
10	0.012	0.101	99.899						
11	0.009	0.078	99.977						
12	0.003	0.023	100.000						
提取方法:主成分分析									

用主成分因子分析法提取公因子,共提取出 3 个公因子,且这 3 个公因子的累积贡献率达到了81.267%,说明体能类 12 个特征指标的81.267%变异可由所提取的 3 个公因子来解释(表5-9)。

表5-9　生理机能部分因子初始载荷矩阵旋转成分矩阵[a]

	成分		
	1	2	3
(水上专项测试)个体乳酸阈 IAT 值	0.895	0.019	0.039
(水上专项测试)4 mmol/L 乳酸阈(AT4)值	0.928	0.135	0.214
血睾酮 T/皮质醇 C 值	0.843	0.275	0.184
(水上专项测试)最大乳酸积累值	0.780	0.269	0.219
有氧代谢供能能力性	0.141	0.359	0.431
划桨动作肌肉运动共济性	−0.063	0.602	0.677
划桨动作躯干肌神经肌肉控制性	0.521	0.189	0.760
划桨动作躯干肌肌内协调性	0.538	0.214	0.757
划行中身体平衡控制能力性	0.077	0.200	0.925
划行中四肢肌平衡控制能力性	0.156	0.944	0.199
船艇平衡感功能性	0.439	0.742	0.193
划行中四肢肌姿态保持能力性	0.160	0.881	0.287

提取方法:主成分。

旋转法:具有 Kaiser 标准化的正交旋转法。

a. 旋转在 5 次迭代后收敛。

由表5-9中生理机能部分八级特征指标因子初始载荷矩阵的因子载荷可知,(水上专项测试)4 mmol/L 乳酸阈(AT4)值、划行中四肢肌平衡控制能力性、划行中身体平衡控制能力性 3 个指标所对应的公因子载荷最大,因此可用这三个指标来代表公共因子,用一个特殊因子"有氧代谢供能能力性"指标来表达生理机能部分的特征值。

3. 机能类代表性指标的综合分析

生理机能部分经筛选后的八级特征指标中，神经系统中的"划桨姿势反射维持性"指标与肌肉系统中的"划行中身体平衡控制能力性"都有着较高的权重，这2个指标虽然分属于不同的生机机能系统，但实现功能却一样，这2个指标的同时入选，说明了平衡性与优秀皮划艇运动员专项能力的较高相关性，这也与皮划艇比赛属于开放性场地比赛项目的特点一致，由于皮划艇比赛中，受天气影响性较大，一名优秀的皮划艇运动员，在划行过程中动态地保持躯干的稳定性将是在比赛中制胜的重要因素。在本书中为了研究的简洁，将神经系统中的"划桨姿势反射维持性"指标去除，只保留肌肉系统中的"划行中身体平衡控制能力性"指标以进行下一步的分析与研究。

"（水上专项测试）4 mmol/L 乳酸阈（AT4）值"指标，作为生理机能中能量系统层次因子的代表性指标，代表了能量系统层次因子中有氧功能因子，这项指标所具有的较高权重，说明了国内高水平教练们对皮划艇运动员从事该项目所应具有的能力有着一致的认识，即要具有较高的有氧能力水平；"最大心率"指标作为心肺系统的代表性指标，说明了心功能在皮划艇运动员生理机能的心肺系统中具有重要地位；"划行中身体平衡控制能力性"指标作为肌肉系统中的代表性指标，与神经系统中筛选出的"划桨姿势反射维持性"指标同时都因为较高的权重而入选，但因为作用意义上的重合，将神经系统的"划桨姿势反射维持性"指标去除，它们都说明了高水平皮划艇运动员应具有较高的核心肌肉稳定性，较高的专项协调平衡能力对于皮划艇运动员整体竞技能力的组成具有重要作用。

在运用权重法和因子分析法进行两次降维后，体能部分的生机机能层次元素所对应的八级应用特征指标减少到4个。最后，根据实践经验来对选取出的4个指标进行判别可知，能量系统中的"（水上专项测试）4 mmol/L 乳酸阈（AT4）值"指标与心肺系统中的"有氧代谢供能能力性"指标作用重合，按照这两个指标的权重大小，将"有氧代谢供能能力性"指标去除，而无氧功能中由于没有指标入选，按照指标权重向前递推，将"30 s 最大强度划船运动后血乳酸值"指标选取为能量系统中无氧功能的代表性指标；在心肺系统层次元素中，同样没有了评价指标，根据指标权重向前递推，选取"最大心率"指标来作为心肺层次元素的代表性指标；同样，在神经系统层次元素所对应的八级特征指标中，按照指标权重向前递推，选取"划桨姿势反射维持性"指标作为代表性指标；肌肉系统中的"划行中四肢肌平衡控制能力性"与"划行中身体平衡控制能力性"指标作用重合，按照指标权重的高低将"划行中四肢肌平衡控制能力性"指标去除。

在这一部分的指标筛选过程中需要特别注意的是（皮划艇测功仪测试）最大摄氧量值这一重要指标，在有氧能力的评价指标中，这一指标无疑具有十分重要的意义，根据

Hgabegr 等学者的研究表明,最大摄氧量水平与遗传的关系十分密切,遗传度可达80% ~ 90% 左右,可训练性即训练使 Vo2 max 提高的可能性较小。对于青少年运动员来讲,经过系统训练后,最大摄氧量水平可提高到20% ~25%,但对于高水平运动员来讲,此指标的意义已相对不重要。而与训练效果相关性较高的个体乳酸阈 IAT 值、4 mmol/L乳酸阈(AT4)值得到了被调查教练员的普遍重视,本书中按照指标权重的高低选取了 4 mmol/L 乳酸阈(AT4)值指标来作为能量系统的代表性因子。

小结:在皮划艇运动员体能的生理机能部分中,从专家对各个指标所给出的综合权重系数来看,"(水上专项测试)4 mmol/L 乳酸阈(AT4)值"指标与"划行中身体平衡控制能力性"指标所占比例高,而"30 秒最大强度划船运动后血乳酸值"指标与" 最大心率"指标所占的比例则相对较小,如图 5-2 所示。从图中可以看出,对于一名优秀的皮划艇运动员,良好的有氧水平与在划行过程中身体平衡能力控制性是重要的生理机能特征。

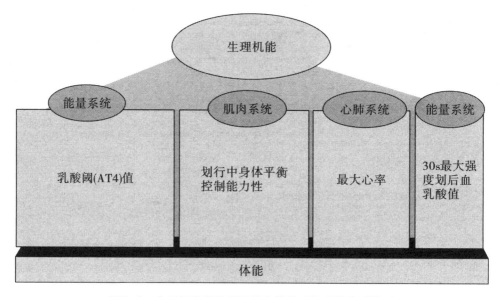

图 5-2　生理机能部分指标优化筛选后构建的类别模型

(二)素质类指标的筛选

1.基于第一轮筛选后的第二轮指标筛选

在运动素质部分中,在最底层(第八层)中,共分解出 68 个特征指标,由于指标量较大,因此对这一部分的指标数据,将按照生理机能部分指标数据的降维方法,采用权重因素记分法与因子分析法相结合的办法对运动素质部分的八级特征指标进行降维。下面便从这四大部分,以功能层次为划分,首先利用特尔斐法进行第一次降维,计算方法同生理机能部分第一次降维时所使用的公式,降维后的结果如表 5-10。

表5-10　运动素质部分权重排名前10位指标

排序	指标	%X(权重)
1	(专项)水上划30″~90″桨下力量保持能力性	1.484 475
2	(专项)水上划2′~4′桨下力量保持能力性	1.483 18
3	(专项)途中阶段桨下最大力值	1.483 18
4	(专项)冲刺阶段桨下最大力值	1.480 589
5	出水瞬时艇速值	1.480 589
6	冲刺阶段桨频值	1.479 294
7	途中阶段艇行进平均速度值	1.479 294
8	(专项)划桨动作动态躯干伸展度	1.479 294
9	加速阶段艇行进平均速度值	1.479 294
10	专项桨动作动态四肢伸展度	1.477 998

　　根据权重法进行一次降维后,运动素质部分的八级层次指标从68个降到了10个,虽然这些指标已经能够较为详细地描述关于皮划艇运动员竞技能力中运动素质方面的信息,但从分析角度来讲,难度依然较大。而且许多指标之间还是有可能存在相关性。本研究又根据具体的情况利用因子分析法进行了进一步的降维,从而达到精选与优化八级指标的目的(图5-3)。

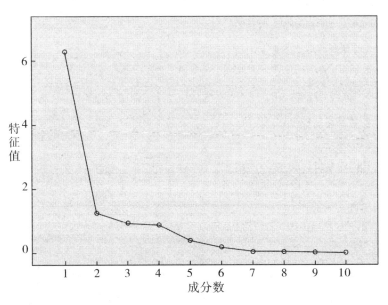

图5-3　运动素质部分经过第一次降维后的10个因子碎石图

为了判断提取的公因子数量,先利用 SPSS 因子分析中的碎石图功能来协助判断,如上图所示,横轴为因子序号,纵轴为特征值大小,它将因子按特征值从大到小排列。从上图中可直接观察到,前 4 个因子对应的陡坡较大,作用明显,后面的 6 个因子散点形成了平台,因此,运动素质部分的公因子考虑前 4 个因子较为适合(表5-11)。

表5-11 运动素质部分样本适当性度量的 KMO 值和巴特利特球度检验

取样足够度的 Kaiser-Meyer-Olkin 度量		0.519
Bartlett 的球形度检验	近似卡方	114.381
	df	45
	Sig.	0.000

从表5-11 中可以看出,10 项运动素质部分八级特征指标进行因子分析的 KMO 值等于 0.519,属于可接受尺度;巴特利特球度检验的相伴概率小于 0.001,具有高度显著性,说明运动素质部分的 10 项特征指标适合做因子分析(表5-12)。

表5-12 运动素质部分样本变量共同度公因子方差

	初始	提取
(专项)水上划30″~90″桨下力量保持能力性	1.000	0.771
(专项)水上划2′~4′桨下力量保持能力性	1.000	0.947
(专项)途中阶段桨下最大力值	1.000	0.877
(专项)冲刺阶段桨下最大力值	1.000	0.806
出水瞬时艇速值	1.000	0.703
冲刺阶段桨频值	1.000	0.495
途中阶段艇行进平均速度值	1.000	0.901
(专项)划桨动作动态躯干伸展度	1.000	0.881
加速阶段艇行进平均速度值	1.000	0.820
(专项)划桨动作动态四肢伸展度	1.000	0.340

提取方法:主成分分析。

从 10 项特征指标的因子共同度来看,除了"冲刺阶段桨频值"与"(专项)划桨动作动态四肢伸展度"两项指标的值低于 0.6 外,其他八项指标的值均在 0.7 以上,说明所提取的因子可以较好地反映各原始变量的信息,而将"冲刺阶段桨频值"与"(专项)划桨动作动态四肢伸展度"这两项指标作为特殊因子项进行保留(表5-13)。

表5-13　运动素质部分经过第一次降维后的10个因子特征值解释的总方差

成分	初始特征值			提取平方和载入			旋转平方和载入		
	合计	方差的 %	累积 %	合计	方差的 %	累积 %	合计	方差的 %	累积 %
1	6.288	62.883	62.883	6.288	62.883	62.883	3.851	38.508	38.508
2	1.251	12.513	75.396	1.251	12.513	75.396	3.689	36.887	75.396
3	0.939	9.385	84.781						
4	0.881	8.812	93.593						
5	0.393	3.928	97.522						
6	0.171	1.709	99.231						
7	0.037	0.366	99.597						
8	0.031	0.308	99.904						
9	0.009	0.089	99.993						
10	0.001	0.007	100.000						

用主成分因子分析法提取公因子,共提取出2个公因子,且这1个公因子的累积贡献率达到了77.396%,说明运动素质部分10个特征指标的77.396%变异可由所提取的2个公因子来解释(表5-14)。

表5-14　运动素质部分指标因子旋转后的载荷矩阵旋转成分矩阵[a]

	成分	
	1	2
(专项)水上划30″~90″桨下力量保持能力性	0.045	0.877
(专项)水上划2′~4′桨下力量保持能力性	0.621	0.749
(专项)途中阶段桨下最大力值	0.303	0.886
(专项)冲刺阶段桨下最大力值	0.357	0.824
出水瞬时艇速值	0.648	0.532
冲刺阶段桨频值	0.700	0.065
途中阶段艇行进平均速度值	0.908	0.276
(专项)划桨动作动态躯干伸展度	0.885	0.313
加速阶段艇行进平均速度值	0.770	0.476
(专项)划桨动作动态四肢伸展度	0.363	0.456

提取方法:主成分。

旋转法:具有 Kaiser 标准化的正交旋转法。

a. 旋转在 3 次迭代后收敛。

由表 5-14 中运动素质部分八级特征指标因子初始载荷矩阵的因子载荷可知,"途中阶段艇行进平均速度值"与"(专项)途中阶段桨下最大力值"这 2 个指标所对应的公因子载荷最大,因此可用这 2 个指标来代表公共因子,此外,将两个特殊因子"冲刺阶段桨频值"与"(专项)划桨动作动态四肢伸展度"指标加入来表达运动素质部分的特征值。

(三)运动素质类别模型的构建

在利用德尔菲法和因子分析法进行两次降维后,体能元素的运动素质部分所对应的八级应用特征指标由 68 个减少到 4 个。在经过因子分析法的降维后,运动素质部分可分为四个八级应用特征指标,根据实践经验对选取出的 4 个指标进行判别可知,在对这四个指标进行进一步的剖析后,运动素质部分的力量公因子可由"(专项)途中阶段桨下最大力值"指标来代表;速度公因子可由"途中阶段艇行进平均速度值"指标代表;耐力因子经过两次筛选后未有指标入选,但根据实践经验,此项元素对于皮划艇运动员的竞技能力高低具有举足轻重的地位,因此,对于耐力因子部分代表性因子的选取,根据权重高低向前递推,将"(专项)12 000 m 划时间"指标作为耐力因子的代表性因子。柔韧素质公因子则由筛选过程中出现的特殊因子"(专项)划桨动作动态四肢伸展度"指标来作为代表性因子。

在运动素质部分中,"(专项)途中阶段桨下最大力值"指标经过筛选后以较高的权重入选,这与国内皮划艇训练原则中一直提倡的"提高桨下质量,注重每桨效果"的理念相吻合,也是国内多年训练的经验总结,更是我国皮划艇运动成绩突破的法宝,"(专项)途中阶段桨下最大力值"代表了皮划艇运动员竞技能力中的力量因子;"(专项)12 000 m 划时间"指标以较高的权重成为耐力因子的代表性指标,说明 12 000 m 划的训练方法受到了国内皮划艇工作者的广泛重视,12 000 m 有氧划的训练方法与国内皮划艇训练中一直提倡的"以有氧为基础"理念相吻合,这也是我国皮划艇国家队在 04 雅典奥运周期成绩获得突破的重要成功经验之一;"途中阶段艇行进平均速度值"指标经过筛选后成为皮划艇运动员竞技能力中速度因子的代表性指标,这与皮划艇竞速运动的项目特征一致,皮划艇竞速运动是一种典型的周期性的、体能性的速度耐力项目,在比赛过程中船艇度速行进的维持能力将成为决定比赛胜负的核心;"(专项)划桨动作动态四肢伸展度"指标成为柔韧因子的代表性指标,这也与皮划艇竞速运动的制胜规律一致,由于皮划艇竞速运动比赛的核心是速度,谁拥有更高的船速谁将获得最终比赛的胜利,而船速直观的表达方式是"比赛距离/比赛完成所需时间",进一步分析可知,船速还可以表达为"每桨划距×桨频",这里每桨划距可以表达为"比赛距离/桨数",桨频可以表达为"桨数/比赛完成所需时间",因此,在每桨的划桨过程中,身体与四肢的伸展度,将直接影响到每桨划距,即桨幅的大小,因此艇速=每桨划距(桨幅)×桨频,这也是"(专项)划桨动作动态四肢伸展度"指标经筛选后入选的重要因素。

小结:在皮划艇运动员体能的运动素质部分中,通过专家对各个指标所给出的综合权重系数分值进行分析后可以得出,"(专项)途中阶段桨下最大力值"指标、"途中阶段艇行进平均速度值"指标、"(专项)划桨动作动态四肢伸展度"指标所占比例较高,如图5-4所示,这三个指标分别代表了力量功能、速度功能与柔韧功能,说明对于一名优秀的皮划艇运动员,较好的力量水平,特别是能够表现在划行过程中每桨的拉水效果上,是一名优秀选手的重要特征,然后是良好的途中速度维持能力与身体柔韧性,这决定了划行过程中艇行进效率的好坏与运动员每桨幅度的大小。

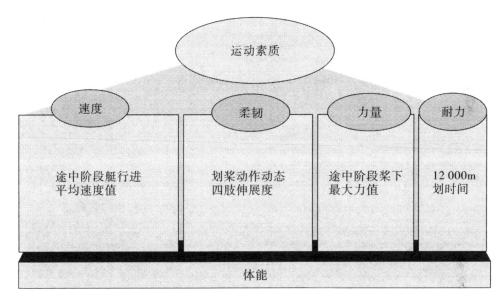

图5-4　运动素质部分指标优化筛选后构建的类别模型

二、技能、心能类指标的筛选

(一)技能、心能类指标的两轮筛选

由于皮划艇竞速运动具有的体能主导性专项特点,相比较而言,技能与心能部分在竞技能力特征指标层次结构的解析与应用指标的建立过程中,得到的指标数量较少,其中技能的专项技术部分共分解出28个特征指标、专项战术部分共分解出15个特征指标、专项心智部分共分解出52个特征指标,为了研究的便捷性与实用性,本书对皮划艇运动员技能与心能两大部分的特征指标进行合并筛选,技能与心能部分的八级特征指标经合并后共有95个特征指标,筛选过程仍采用权重因素记分法与因子分析法相结合的办法对八级特征指标进行降维,然后用实践经验法再对一些可能被删去的重要指标或是应用

价值上有重复的指标进行修改。

在技能与心能部分八级应用特征指标的筛选过程中,经过特尔斐法进行第一次降维,根据指标权利的排序及与其它指标的差异度,共得到了11个特征指标,见表5-15。

表5-15 技能与心能部分权重排名前11位指标

排序	指标	% X(权重)
1	桨运行路线合理性	1.060 635
2	发力顺序经济性	1.059 975
3	划桨动作(用力、时间、呼吸)节奏质量性	1.059 975
4	起航、加速、途中、冲刺阶段时间	1.059 315
5	划桨重心(上下、左右)波动幅度值	1.058 655
6	自我行为控制能力水平	1.058 655
7	信任同艇队友水平	1.058 655
8	起航、加速、途中、冲刺阶段桨频	1.057 995
9	划桨节奏控制水平	1.057 995
10	划桨配合熟练水平	1.057 995
11	皮划艇专项训练自制性水平	1.057 995

根据权重法进行一次降维后,技能与心能部分的八级层次指标从95个降到了11个,下面,按照因子分析法的步骤,对技能与心能部分的八级层次要素进行第二次降维(图5-5)。

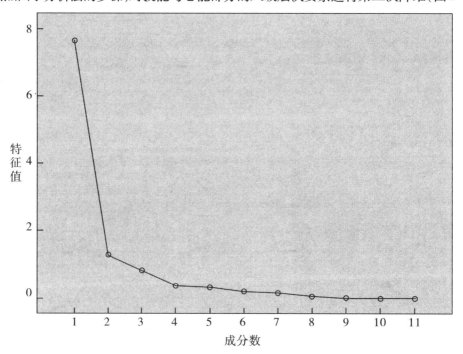

图5-5 技能与心能部分经过第一次降维后的11个因子碎石图

为了判断提取的公因子数量,先利用 SPSS 因子分析中的碎石图功能来协助判断,从上图中可直接观察到,前 3 个因子对应的陡坡较大,作用明显,后面的 8 个因子散点形成了平台,因此,技能与心能部分的公因子考虑前 3 个较为适合(表 5-16)。

表 5-16　技能与心能部分样本适当性度量的 KMO 值和巴特利特球度检验

取样足够度的 Kaiser-Meyer-Olkin 度量		0.567
Bartlett 的球形度检验	近似卡方	245.463
	df	55
	Sig.	0.000

从表 5-16 中可以看出,11 项技能与心能部分特征指标进行因子分析的 KMO 值等于 0.567,属于可接受尺度;巴特利特球度检验的相伴概率等于 0.000,具有高度显著性,说明技能与心能部分的 11 项特征指标适合做因子分析(表 5-17)。

表 5-17　技能与心能部分样本变量共同度公因子方差

	初始	提取
桨运行路线合理性	1.000	0.706
发力顺序经济性	1.000	0.841
划桨动作(用力、时间、呼吸)节奏质量性	1.000	0.801
起航、加速、途中、冲刺阶段时间	1.000	0.777
划桨重心(上下、左右)波动幅度值	1.000	0.799
自我行为控制能力水平	1.000	0.652
信任同艇队友水平	1.000	0.932
起航、加速、途中、冲刺阶段桨频	1.000	0.769
划桨节奏控制水平	1.000	0.911
划桨配合熟练水平	1.000	0.966
皮划艇专项训练自制性水平	1.000	0.814

提取方法:主成分分析。

从表 5-17 中 11 项特征指标的因子共同度来看,所有指标的值均在 0.65 以上,说明所提取的因子可以较好地反映各原始变量的信息(表 5-18)。

表5-18　技能与心能部分经过第一次降维后的11个因子特征值解释的总方差

成分	初始特征值			提取平方和载入			旋转平方和载入		
	合计	方差的 %	累积 %	合计	方差的 %	累积 %	合计	方差的 %	累积 %
1	7.664	69.674	69.674	7.664	69.674	69.674	4.840	43.999	43.999
2	1.304	11.854	81.528	1.304	11.854	81.528	4.128	37.529	81.528
3	0.831	7.553	89.081						
4	0.384	3.489	92.570						
5	0.332	3.022	95.592						
6	0.212	1.931	97.523						
7	0.173	1.576	99.099						
8	0.066	0.596	99.695						
9	0.023	0.210	99.905						
10	0.009	0.086	99.991						
11	0.001	0.009	100.000						
提取方法:主成分分析。									

用主成分因子分析法提取公因子,共提取出2个公因子,且这2个公因子的累积贡献率达到了81.528%,说明技能与心能部分11个特征指标的81.528%变异可由所提取的2个公因子来解释(表5-19)。

表5-19　技能与心能部分指标因子旋转后的载荷矩阵旋转成分矩阵[a]

	成分	
	1	2
桨运行路线合理性	0.707	0.453
发力顺序经济性	0.765	0.506
划桨动作(用力、时间、呼吸)节奏质量性	0.824	0.349
起航、加速、途中、冲刺阶段时间	0.810	0.347
划桨重心(上下、左右)波动幅度值	0.841	0.304
自我行为控制能力水平	0.687	0.424
信任同艇队友水平	0.404	0.877
起航、加速、途中、冲刺阶段桨频	0.866	0.138
划桨节奏控制水平	0.342	0.891
划桨配合熟练水平	0.397	0.899
皮划艇专项训练自制性水平	0.230	0.872

提取方法:主成分分析。

旋转法:具有 Kaiser 标准化的正交旋转法。

a. 旋转在 3 次迭代后收敛。

由表5-19中技能与心能部分的指标因子旋转后的载荷矩阵的因子载荷可知，即使经过旋转后，"起航、加速、途中、冲刺阶段桨频"与"划桨配合熟练水平"这2个指标所对应的公因子载荷最大，因此可用这2个指标来代表公共因子，由于这2个因子都属于技能部分的因子，心能没有指标入选，因此，根据因子载荷的高低向前递推，将心能中心理能力的一个特征指标与智力能力的一个根据选入，按照载荷的高低分别是"皮划艇专项训练自制性水平"与"皮划艇专项训练自制性水平"这2个指标。

（二）技能、心能类代表性指标的综合分析

在技能部分中，"起航、加速、途中、冲刺阶段桨频"指标作为水上多桨技术部分的代表性因子入选，说明了高水平皮划艇运动员技能中，不同比赛阶段桨频的表现特征，即不同赛段动作节奏的控制能力具有重要作用；"借浪与反借浪能力水平"指标成为皮划艇运动员竞技能力中战术因子的代表性指标，这与皮划艇比赛的特点相吻合，皮划艇比赛由于是体能类项目，战术来说相对单一，但由于皮划艇比赛是在开放式的公开水域中进行比赛，如何最大程度地利用场地与对手，利用流体力学的知识在比赛中进行博弈，将是皮划艇运动员竞技能力中战术能力的重要标志。

在心能部分中，"皮划艇专项训练自制性水平"指标经过筛选后成为心理功因子的代表性指标，这与皮划艇运动从事运动员的训练特点相一致，纵观世界主要皮划艇运动强国的运动员选拔标准，第一条都是对运动员心理品质的要求，虽然表述略有不同，但都把能长期从事高水平的艰苦训练和比赛作为首要条件，这也与皮划艇运动的项目特点相一致，由于皮划艇是一项典型的周期性体能主导类项目，并且是人操纵器械，依靠良好的体能及器械控制能力进行训练比赛的体育项目，在艇的进行过程中，身体、船艇和桨组成的一个相对封闭系统，及与外界自然环境组成的大的开放系统之间相互影响，要想使运动员形成人船合一、高效的划船技术，必须有一定量的操纵练习积累，增加人与器械及外环境之间的适应度，这样才能成为优秀的皮划艇专项选手；"划桨空间知觉水平"指标经过筛选后成为皮划艇运动员智力功因子的代表性指标，由于"划桨空间知觉水平"指标属于人的空间智能范围，这是与皮划艇运动员专项智能方面最直接相关的智力因素部分，皮划艇运动员操控船艇在水上向前划行的过程中，对空间的判断与感知能力高低，将影响到运动员下一步的行为决断质量的高低，在比赛中与对手的差距、冲刺的时机、水面的变化等，都需要运动员利用空间感知能力来进行判断。因此，在水上划行过程中运动员的空间知觉水平是判断一名优秀皮划艇运动员的重要标志。

小结：在皮划艇运动员技能与心能部分中，通过对专家对指标的权重系数得分进行分析可以得出，"起航、加速、途中、冲刺阶段桨频"指标、"借浪与反借浪能力水平"指标、

"皮划艇专项训练自制性水平"指标、"划桨空间知觉水平"所占比例较为平均,只有"起航、加速、途中、冲刺阶段桨频"指标与"皮划艇专项训练自制性水平"指标略微高一些,如图5-6所示,由于这四个指标所分别代表的是皮划艇运动员竞技能力中的节奏性、战术性、心理功能与智力功能,说明对于一名优秀的皮划艇运动员,稳定的桨频节奏控制能力、训练的自制性是较为明显的特征,同时,对空间感知的心理能力与在实际比赛过程中借浪与反借浪能力的战术能力,也是优秀选手的重要特征。

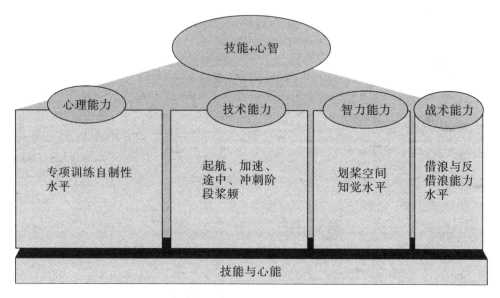

图5-6 皮划艇运动员技能与心能部分指标雷达图

第六章
优秀皮划艇运动员竞技能力代表性指标的解析

一、优秀皮划艇运动员体能类代表性指标的解析

（一）优秀皮划艇运动员有氧能力特征代表性指标的解析

通过专家对设计出的皮划艇运动员特征指标重要程度调查问卷表进行评分后，根据生理机能部分中指标的权重大小，指标"（水上专项测试）4 mmol/L 乳酸阈（AT4）值"成了皮划艇运动员有氧功能的代表性指标。竞技皮划艇运动是一项以速度耐力为主要特征的体能类项目，在此类运动项目中，乳酸（无氧）阈是一个非常重要且使用范围较为广泛的指标。由血乳酸衍生出来的乳酸阈概念，作为衡量人体有氧运动能力最常用的指标，相对于受遗体因素较大的最大摄氧量指标，在许多耐力性运动项目的周期性训练过程中被认为是掌握运动强度、评定身体对训练的适应和测定运动能力的一个重要训练评价指标，而最大摄氧量则通常被作为一个重要的运动员选材指标。由于乳酸阈具有较高的准确性和实用性，因此受到国内很多皮划艇教练员与相关科研人员的青睐。

近几年来，随着实验器材与检测手段的提高，许多专家学者发现乳酸（无氧）阈值受测试者性别、年龄、训练水平、快慢肌比例、运动项目、测试环境甚至近期服用的药物种类等相关因素的影响，用传统乳酸阈概念，特别是将血乳酸为 4 mmol/L 作为乳酸阈值的理论，并没有考虑运动时乳酸动力学的个体特点，由于血乳酸拐点存在很大的个体差异，他们提出用个体乳酸阈来代替 4 mmol/L 乳酸阈（AT4）值来确定个体乳酸阈强度值。

但在训练实践过程中，通过理论与实践的长期结合与检验，许多体育一线工作者们，例如德国的训练学家（Jochen Zinner、Ralf Buckwitz）特别是前东德一批精英训练学者的长期研究证明，虽然运动员的个体乳酸阈存在很大差异，但通过递增强度测验后得到的乳酸强度曲线是一致的，对于同一名运动员来说，不同的身体状态，经测试后得到的乳酸强

度曲线图是存在一定规律性的,通过不同阶段运动员递增强度测试后得到的乳酸强度曲线来进行判断,每次都以 4 mmol/L 乳酸值所对应的强度来进行判断,仍有着显著的训练指导意义及评价作用(表6-1)。

表6-1 乳酸测试系统示意表

乳酸测试部位	肌乳酸
	血乳酸(指尖血、耳垂血)
血乳酸测试方法	一点乳酸测试法
	二点乳酸测试法
	多级递增负荷测试法
乳酸阈计算方法	作图法
	内插法
	指数回归法
乳酸阈测试应用	机能诊断
	预测成绩
	制定运动强度
	运动员选材
	评价训练负荷效果

1.乳酸测试部位

运动时测量乳酸水平的主要部位是肌肉和血液,根据目前的研究成果,在递增负荷的测试中,肌乳酸值与血乳酸值存在高度相关性 r=0.71。对于常见的血乳酸采集部位,常用的部位是指尖和耳垂,耳垂采血痛感较低,操作方便,但血循环较差,受气温影响较大,检查结果不够恒定,手指采血操作方便,可获取相对较多血量,检查结果也比较恒定,因此世界卫生组织曾推荐以左手无名指指端内侧血做血液一般检验,这也是训练中科研人员常用的位置。

2.血乳酸测试方法

(1)一点法实验:测运动员完成某一强度后的血乳酸,通常为该练习的最大强度,可以帮助选择训练强度和评定机能;一点法还常用于测验赛和比赛,它可反映运动员某个项目的最大血乳酸值,对诊断运动员在某段时期的无氧能力有重要意义。

(2)两点法实验:要求在 4～12 mmol/L 之间选两极强度,测出血乳酸后,在血乳酸——速度曲线图上连接两点画出一条直线,通过两点之间的延长线找到 4～12 mmol/

L 所对应速度。

（3）多级递增负荷:最为常见的乳酸阈测试方法,为多个耐力性项目所应用,一般应有 3~4 级强度,以德国皮划艇国家队常用的 4×1000 m 递增负荷测试的测试为例,每级测试对桨频、心率以及血乳酸值都有着不同的要求,起始负荷一般为 80% 最大强度,要求第一负荷强度的血乳酸在 2 mmol/L 以下;然后逐级递增,血乳酸 4~7 mmol/L 间有 2 级负荷;8 mmol/L 以上有 1 级负荷(即最后一级为全力)。最后绘出乳酸强度曲线,然后利用内插法算出不同阈值所对应的船速与心率,作为下阶段不同强度训练的监控指标(表6-2)。

表6-2　德国皮划艇国家队 4×1000 m 递增负荷测试负荷要求

测试等级	强度值(%)	桨频(次/min)	心率(次/min)	血乳酸(mmol/L)
一级测试	81	62~64	<140	<2
二级测试	86	72~74	<160	<4
三级测试	93	82~84	<170	<7
四级测试	100	100~105	>180	>8

3.乳酸阈计算方法

（1）作图法:为早期的乳酸阈计算方式,由于计算机技术的普及,这种方式目前已很少使用。具体方法是先在乳酸强度坐标系里标出测试结果,然后用 $y=x^2$ 圆角尺将各个坐标点用弧线连接起来,当连接成一条完整的弧线时,再以纵坐标乳酸值为 4 作垂直切线,在横坐标上找出对应的强度值,即为该受测试者本次测试的乳酸阈水平。

（2）内插法:即假设已知乳酸阈曲线上任意两点坐标值(x1,y1)、(x2,y2),且点(x2,y2)位于点(x1,y1)上方后,欲求坐标值(x,y)位于点(x1,y1)、(x2,y2)坐标值的中间位置,即可利用以下公式:(x2−x1)/(y2−y1) = (x−x1)/(y−y1),并由此公式推导出 x = [(x2−x1)×(y−y1)/(y2−y1)]+x1。例如求乳酸值为4(y=4)时所对应的强度值。

（3）指数回归法:此方法需借助计算机统计工作(例如 Excel 或 SPSS 等),是三到四级多级递增测试中最常用的一种方法,理论上是描述乳酸强度曲线最为准确的一种方法。方法是首先根据测试得到的结果在预先设计好的坐标系中生成散点图,然后在此散点图上添加指数趋势线,y = A×e^(B×x),其中 y 为血乳酸,x 为速度,求得以上函数的反函数 x = (ln(A/y))/B,然后将 x(即相应的血乳酸值)代入公式,即可以得到欲求的强度值。

根据有关学者的研究成果,如黎涌明等证明内插法与指数回归法和计算结果上并无显著性差异,关键在于选择一种计算方法后,在以后的测试中稳定持续的使用。

4.乳酸阈测试应用

(1)机能诊断:通过多级负荷实验或两点测试法做出的血乳酸强度曲线,可以评价在某段时期内受测试者有氧能力与无氧能力的动态变化情况。例如,以血乳酸达到4 mmol/L时所对应的速度值为标准,如果与上次测试相比,本次的测试结果速度值提高,则说明该受测试者有氧能力得到增强。此外,通过同等条件的第二次对比测试,以某一强度为标准检查血乳酸的变化,例如,如果4 mmol/L时所对应的强度值提高,说明该运动员有氧能力有所提高,如果4 mmol/L时所对应的速度下降,则说明该运动员有氧能力有所下降。

(2)预测成绩:在测试完毕后,通过数学方法将运动员通过一段时间的训练后得到的血乳酸强度曲线描绘出后,可以与以往的数据相对比,例如根据该队员最大乳酸动员值,推算该运动员此时的测试成绩,如果达到相应的最高乳酸水平时,能创造最好成绩,即在该乳酸强度曲线上延伸至笔者以往的最大乳酸血乳酸处,其所对应的速度,即为该运动员具有的潜在最大速度能力值。

(3)制定运动强度:通过递增负荷乳强度测试后,在每级测试时除了时间与乳酸值外,还同时测试队员其他相关运动学及生理学指标,如桨频、桨数、心率等。在测试完毕后,以血乳酸值为纵坐标轴,以强度(时间、功率)、桨频、心率等指标为横坐标分别建立不同的坐标系,通过回归方程拟合出不同相关指标之间的拟合曲线,然后,根据需要将不同的乳酸值代入所对应的拟合曲线中,在此过程中,可以直接通过拟合出的乳酸指标曲线,也可以通过间接换算的方式,得到控制训练强度的指标值。下面以德国皮划艇队常用的4×1000 m递增负荷测试后制定下阶段训练监控指标的方式为例来进行说明。

首先让测试运动员按照规定的强度要求,在规定时间内进行四个1000 m的递增强度划,每组测试都测量运动员的完成时间、桨频、心率及乳酸值,然后利用这些数据分别建立血乳酸船速曲线、血乳酸心率曲线、心率船速曲线,拟合出各曲线的回归方程,然后分别代入乳酸值等于2.5、4、5、7时对应的船速,然后将换算出的不同的血乳酸值对应的船速值代入心率船速曲线,从而得到下一阶段的训练监控指标。如队员A在某次测试中的结果见表6-3。

表6-3　队员 A 在某次测试中的结果

	时间	船速（m/s）	桨频（次/min）	桨幅（m）	心率（次/min）	血乳酸（mmol/L）
第一组	4′49.9	3.45	60	3.45	148	1.53
第二组	4′31.9	3.68	68	3.25	162	2.31
第三组	4′03.9	4.10	80	3.08	175	6.28
第四组	3′49.6	4.36	96	2.68	179	11.60

表6-3 中的时间、桨频、心率与血乳酸都是由实际测量得出，速度与桨幅则是推算得出。即速度＝距离/时间，如该名队员第一组成绩中，速度＝距离/时间＝1000/289.9＝3.45 m/s，桨幅＝距离/桨数＝距离/（桨频×时间）＝1000/（60×4.83）＝3.45 m，通过以上数据，可分别得出该队员血乳酸与船速、血乳酸与心率、心率与船速的对应曲线，分别如图6-1、图6-2、图6-3 所示。

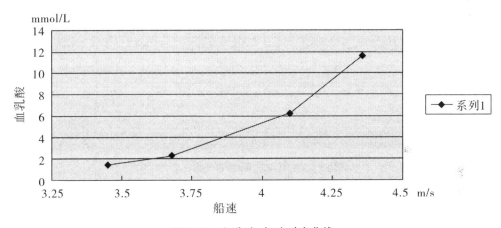

图6-1　血乳酸-船速对应曲线

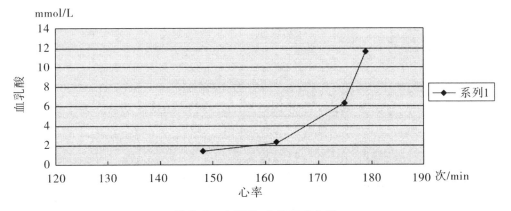

图6-2　血乳酸-心率对应曲线

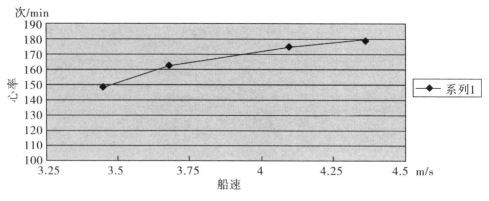

图6-3　心率-船速对应曲线

在三个曲线中,每条曲线都按照相同方法选取了六个点,即LT(本级比下一级少的量超过0.5 mmol/L即乳酸阈,这里为第二组测试值)、2.5 mmol/L点、4 mmol/L OBLA点、5 mmol/L点、7 mmo/L点、LTP(最大乳酸稳态,大概为最大心率的91%,这里为第四组测试值),这里除了LT与LTP值外,其它几组数据都是采用线性内插法求得。在求得特定数据后,用2.5 mmol/L~4 mmol/L对应的船速与心率作为下阶段强度1的训练监控强度值;用5 mmol/L~7 mmo/L乳酸值对应的船速与心率作为下阶段强度2的训练监控强度值,如表6-4所示。

表6-4　特定血乳酸值对应测试结果

	强度1		强度2	
血乳酸值	2.5 mmol/L	4 mmol/L	5 mmol/L	7 mmo/L
船速	3.77 m/s	3.84 m/s	3.87 m/s	3.93 m/s
心率	162 次/min	164 次/min	169 次/min	172 次/min
桨频	68 次/min	70 次/min	73 次/min	76 次/min
训练时间监控(1000 m)	4′20~4′25		4′14~4′18	

运动员选材:通过一级或多级递增负荷测试后,可以观察运动员在整个测试过程中的控制能力(如桨频的控制能力及运动强度的把握),可以简单评价出运动员技术与心理的稳定性,也可以间接看出运动员自我控制能力的优劣;特别是通过最高一级负荷测试后的生理及相关指标,可以确定出该队员是属于速度性运动员还是耐力性运动员,因为在短距离比赛项目的选材中,可用运动员在短距离测试中划出的成绩和血乳酸值共同评价运动员的速度水平,成绩好且血乳酸值低的运动员可以看作具备速度性短距离运动员

培养的潜质;在中段距离的测试中,成绩较好且血乳酸值较高者,也可以看作具有速度型选手的潜质;如果测试者在划完一个中距离后,成绩一般或较好,而血乳酸值也并不高时,可以看作此队员具有良好的耐力水平,因为中等距离的水上运动时,运动时的能量供应主要由糖酵解系统供能,该段落的成绩好且血乳酸值低,说明该受测试者不但能够充分动员糖酵解系统的供能能力,且有着良好的有氧代谢能力,能充分降低和消除体内的乳酸水平,这也是发展耐力的潜质表现。

评价训练负荷效果:一般来讲,运动员在进行高强度运动时,体内血乳酸浓度会升高,升高的幅度与运动强度有关。运动后血乳酸值升高幅度大,表示运动强度大;经过一段时间的训练,在进行相同距离的测试后,假设所有的外部条件保持一致,那么运动后血乳酸的变化状态则可以间接反映在这一段时间内运动员身体对训练所产生的适应与变化。一般情况下,乳酸阈越高,即乳酸阈出现越晚,表明受测试者有氧工作能力越强,因为这种现象证明了该队员在渐增负荷运动中动用乳酸供能系统越晚,其在相对较高的运动负荷时,仍可以高比例地利用有氧代谢而不过早地出现乳酸积累现象,但从乳酸强度曲线的形状对比来看,仍有很多种情况,下面便将这些情况一一列举(表6-5)。

表6-5　阶段测试后乳酸阈曲线比较判定结果与分析

类别	曲线形状	分析	结论
1		有氧与无氧部分向右移动	整体能力进步
2		有氧与无氧部分向左移动	整体能力后退

续表6-5

类别	曲线形状	分析	结论
3		经常是前一阶段训练是以有氧训练内容为主,曲线下段先右移,低速运动时产生乳酸值降低,但高速动员能力无提高	运动员成绩的提高来自有氧能力的提高
4		经常发生在训练后期,赛前训练总量减少后,运动员有氧与无氧系统均得到恢复,表现在无氧代谢能力提高,运动速度加快	运动员成绩的提高来自有氧能力的提高,以及无氧乳酸供能时能量利用效率的提高(即乳酸供能的利用率)
5		低速时曲线左移,高速时曲线右移,该受测试者在较高强度的运动中,相同乳酸水平能够达到较以前更高的速度,而在较低强度运动时,有氧能力有所下降	运动员成绩的提高来自无氧乳酸供能时能量利用效率的提高(即乳酸供能的利用率)
6		在低强度和中高强度运动时,有氧能力有所下降,但最高乳酸水平的速度提高	运动员有氧能力有所下降,运动员成绩的提高来自无氧乳酸供能时能量利用效率的提高(即乳酸供能的利用率)

续表 6-5

类别	曲线形状	分析	结论
7		最高强度运动时,速度提高,乳酸水平也提高	运动员成绩的提高来自最大乳酸生成能力的提高
8		曲线下段先右移,低速运动时产生乳酸值升高,而高速动员能力无提高	有氧能力下降导致能力下降
9		低速运动时乳酸水平升高;高速运动时,相同血乳酸水平下,速度降低	有氧能力和无氧乳酸供能效率下降导致能力下降
10		低速时曲线右移,高速时曲线左移,说明该受测试者在较高强度的运动中,相同血乳酸水平下速度下降;而在较低强度运动时,有氧能力有所提高	无氧乳酸供能效率下降导致能力下降

续表6-5

类别	曲线形状	分析	结论
11		在低强度和中高强度运动时,有氧能力有所提高,但最高乳酸水平的速度下降	尽管有氧能力提高,但无氧乳酸供能效率下降,最终导致能力下降
12		最高强度运动时,速度下降,乳酸水平也下降	个体最大乳酸生成能力下降导致能力下降
13	(略)	呈聚团状:意味着低负荷时血乳酸明显偏高,而高强度负荷时血乳酸值又不能相应升高,形不成一条曲线	运动员正处于运动能力衰退阶段

5. 递增乳酸阈测试在实践过程中的应用分析

广东队从2006年开始,系统地将250 m递增乳酸阈测试(详细过程与方法见附录5)作为训练的监控与评价手段。每次的测试结果,首先对测试条件,如风速、风向、水温进行统一换算,得出在标准条件下的成绩(水温:30℃;风速:3 m/s;风向:正顺),以便于进行纵向的比较。在连续两个周期的应用过程中,除了测试仪器有更新升级情况外,测试程序与测试人员都较为稳定,因此数据具有较高的连续性与可靠性。下面对广东队达到健将水平的27名队员2009—2013年的4 mmol/L乳酸阈(AT4)特征值作一分析。250 m乳酸阈递增强度测试方法广东皮划艇队每年都进行6~10次,但由于部分队员在这四年期间入选到国家队训练,或者部分队员在中间阶段被淘汰离队,因此,对于每年的数据只选取参加测试较为完整的运动员的数据进行分析。

2009—2013年各运动员测试结果见表6-6至表6-10。

表6-6　2009年广东皮划艇队部分运动员乳酸阈测试结果(单位:s)

组别	项目	姓名	年龄	级别	$\bar{x}$	±s
长距离组	划艇	LQ	21	国际健将	67.10	5.18
		HMX	19	国际健将	63.31	3.00
		XWY	22	国际健将	67.50	1.59
		PY	20	国际健将	56.80	1.25
	男皮	WCY	16	健将	61.17	1.26
		ZZH	16	健将	63.43	2.20
		ZTH	14	健将	67.20	
		ZY	20	健将	62.73	2.48
		ZFY	18	健将	62.17	1.52
短距离组	划艇	LWJ	18	国际健将	68.87	0.12
		ZQG	25	健将	65.57	0.65
	男皮	HYL	20	国际健将	57.93	2.50
		LD	16	健将	63.20	5.52
		LZR	16	健将	61.37	1.60
		LPX	18	国际健将	68.00	
	女皮	KHL	22	国际健将	66.50	
		HJY	18	国际健将	66.30	

表6-7　2010年广东皮划艇队部分运动员乳酸阈测试结果（单位:s）

组别	项目	姓名	年龄	运动等级	$\bar{x}$	±s
长距离组	男皮	WCY	17	健将	55.20	1.98
		ZZH	17	健将	55.98	1.39
		ZTH	15	健将	58.38	0.46
		ZY	21	健将	57.03	0.82
		ZFY	19	健将	57.60	1.65
		CCY	17	健将	59.07	3.09
		LZY	16	健将	58.35	1.18

续表 6-7

组别	项目	姓名	年龄	运动等级	$\bar{x}$	±s
短距离组	男皮	LD	17	健将	56.15	2.22
		LZR	17	健将	56.73	2.38
		BPF	19	健将	59.63	1.71
	女皮	WWQ	17	健将	66.10	4.46
		GF	22	健将	64.15	3.58
		LPX	19	国际健将	61.20	
		KHL	23	国际健将	59.33	0.21
		HJY	19	国际健将	61.00	

表 6-8 2011 年广东皮划艇队部分运动员乳酸阈测试结果（单位:s）

组别	项目	姓名	年龄	运动等级	$\bar{x}$	±s
长距离组	男皮	PY	22	国际健将	60.38	2.48
		WCY	18	健将	62.44	3.77
		ZZH	18	健将	60.20	3.24
		ZTH	16	健将	64.25	5.40
		ZY	22	健将	61.30	3.51
		ZFY	20	健将	62.85	0.35
		CCY	18	健将	62.04	2.85
		LZY	17	健将	62.06	4.03
		LC	17	健将	63.94	2.38
短距离组	男皮	HYL	22	国际健将	64.06	4.98
		LD	18	健将	63.93	4.31
		LZR	18	健将	61.10	6.15
		BPF	20	健将	63.54	4.39
		ZW	20	健将	61.49	2.87
	女皮	WWQ	18	健将	66.80	
		GF	23	健将	68.90	
		GCY	17	健将	67.10	

表6-9　2012年广东皮划艇队部分运动员乳酸阈测试结果（单位:s）

组别	项目	姓名	年龄	运动等级	$\bar{x}$	±s
长距离组	男皮	WCY	19	健将	63.55	4.17
		ZZH	19	健将	58.66	1.71
		ZTH	17	健将	61.49	2.04
		ZY	23	健将	59.99	1.93
		ZFY	21	健将	59.84	1.74
		CCY	19	健将	59.41	1.70
		LZY	18	健将	59.21	1.38
		LC	18	健将	60.86	1.75
短距离组	男皮	HYL	23	国际健将	59.41	1.94
		LD	19	健将	59.63	1.67
		LZR	19	健将	58.47	2.13
		BPF	21	健将	60.01	1.54
		ZW	21	健将	60.75	2.28
	女皮	WWQ	19	健将	64.14	1.78
		GF	24	健将	63.34	2.34
		GCY	18	健将	65.19	2.36
		LPX	21	国际健将	64.30	2.46
		KHL	25	国际健将	63.57	2.41
		HJY	21	国际健将	65.13	3.47

表6-10　2013年广东皮划艇队部分运动员乳酸阈测试结果（单位:s）

组别	项目	姓名	年龄	运动等级	$\bar{x}$	±s
长距离组	划艇	LQ	25	国际健将	66.26	2.06
		HMX	23	国际健将	63.69	1.76
		XWY	26	国际健将	67.78	1.96
		WRW	20	健将	64.14	1.82
		ZPF	20	国际健将	64.88	2.35

续表 6-10

组别	项目	姓名	年龄	运动等级	$\bar{x}$	$\pm s$
短距离组	划艇	LWJ	22	国际健将	68.92	1.94
	女皮	WWQ	20	健将	64.71	2.04
		GF	25	健将	66.96	2.07
		GCY	19	健将	66.50	2.38
		LPX	22	国际健将	65.89	2.28
		KHL	26	国际健将	64.40	1.62
		HJY	22	国际健将	64.36	1.78

我们将上面的结果求取平均值,做出年度变化的曲线,以分析该项指标的变化趋势。所得的结果见表 6-11、表 6-12,图 6-4 至图 6-8。

表 6-11　2009—2013 年广东优秀皮划艇运动员有氧阈均值比较（单位:s）

	2009	2010	2011	2012	2013
男皮长组	62.25	57.37	62.16	60.38	
男皮短组	60.83	57.50	62.82	59.65	
女皮组	66.93	62.36	67.60	64.28	65.47
男皮长组	65.97				65.35
男皮短组	67.22				68.92

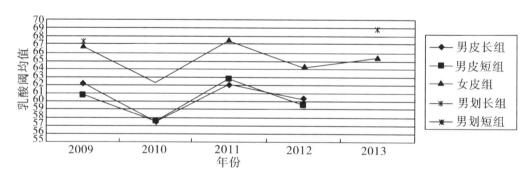

图 6-4　广东优秀皮划艇运动员乳酸阈均值变化图

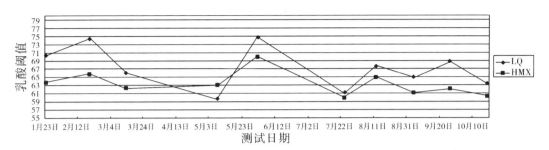

图 6-5　2009 年广东皮划艇队划艇组部分优秀运动员乳酸阈趋势图

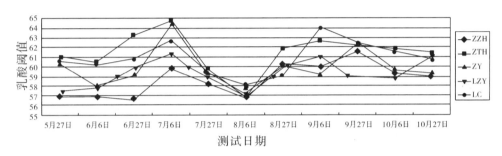

图 6-6　2012 年广东皮划艇队男皮组部分优秀运动员乳酸阈趋势图

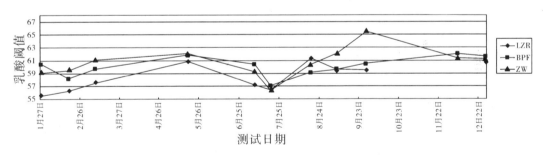

图 6-7　2012 年广东皮划艇队男皮短组部分优秀运动员乳酸阈趋势图

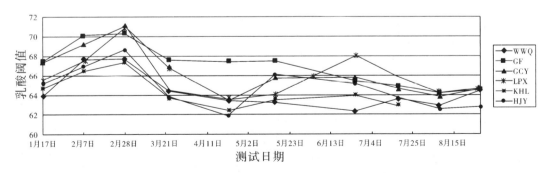

图 6-8　2013 年广东皮划艇队女皮组部分优秀运动员乳酸阈趋势图

表6-12　优秀皮划艇运动员(水上专项测试)4 mmol/L 乳酸阈(AT4)特征值

一级指标	二级指标	八级特征指标	项目组别	特征值(s)
体能	生理机能	(水上专项测试)4 mmol/L 乳酸阈(AT4)值	划艇长组	65.66±0.44
			男皮长组	60.54±2.28
			划艇短组	68.07±1.20
			男皮短组	60.20±2.23
			女皮组	65.33±2.10

根据以上数据分析可以做一小结。

首先,我们看到皮划艇静水奥运会比赛共有十二个小项,以中国国家队对皮划艇竞赛项目的划分为例,可以分为长距离组与短距离组,而长距离组又分别包括划艇长组(单划1000 m、双划1000 m)与男皮长组(男单皮1000 m、男双皮1000 m、男四皮1000 m),由于女子项目的比赛最长距离为500 m,因此,中国皮划艇国家队将所有的女子比赛项目都归于短距离组,短距离组包括划艇短组(单划200 m)、男皮短组(男单皮200 m、男双皮200 m)、女皮组(女单皮500 m、女双皮500 m、女四皮500 m、女单皮200 m),在对4 mmol/L 乳酸阈(AT4)值的分研究中,也是按照这样的划分方式来对优秀皮划艇运动员进行研究。在实践中,200 m 选手与1000 m 距离比赛选手的特征区别并不明显,在国际赛场上经常有选手可以在长距离与距离比赛中同时获得好成绩,以广东队的 LQ 为例,他既是两届全运会1000 m 距离的比赛冠军、奥运会比赛1000 m 双划第八名,又是短距离比赛的一把好手,曾在2010年广州亚运会的200 m 单人艇比赛中获得冠军。此外,以德国国家队运动员的选拔制度为例,德国皮划艇协会一般在每年的4月份组织一次比赛,比赛项目是2000 m 和250 m,要求不分长短组,所有项目的运动员都必须全部参加,只是在比赛时注明组别;然后在5月份组织一次比赛,长组选手的比赛项目是200 m、500 m、1000 m,而短组选手的比赛项目是200 m、200 m、500 m,由此可见,德国皮划艇协会对于短距离选手的长距离划能力也相当重视,按照目前的认识,200 m 比赛中,对有氧能力的要求也较高,此外,短距离选手还要通过大量的长距离训练来改善技术的稳定性与动作效益。

其次,在对4 mmol/L 乳酸阈(AT4)值特征指标的研究中,由于划艇组的几名主要队员在2009年后全部到国家队进行训练,直到2012年底才返回广东省队进行训练,因此对他们的乳酸阈测试有中断。

最后,从趋势图上来看,优秀皮划艇运动员的乳酸阈水平,无论是长组选手还是短组选手,都有着相同的规律,即在全运会结束后的第一年中水平最高,第二年最差,第三年有提高,第四年(全运会比赛年)略有下降;年度乳酸阈趋势也有同样的特点,次最好值常出现在二至四月份,即每年的冬训期间,且曲线形状多为3、4;最好值常出现在七、八月份,即夏训练阶段,且曲线形状多为5、6、7;最差值常出现在五月份,即刚参加完春季冠军赛之后。乳酸阈值已经在多项研究中被证明了与运动员的有氧能力呈高度正相关,因此,乳酸阈值的动态变化趋势可在一定程度上反映出运动员有氧水平的变化规律。

(二)优秀皮划艇运动员无氧能力代表性指标的解析

通过专家对设计出的皮划艇运动员特征指标重要程度调查问卷表的评分,根据生理机能部分中指标的权重大小,代表着皮划艇运动员无氧功能的"30 s 最大强度划船运动后血乳酸值"指标成为了典型的代表性指标。分析可知,运动员的无氧能力包括非乳酸能(ATP-CP 分解供能)与乳酸能(无氧糖酵解供能),根据目前的研究成果,对于在不同时间内全力运动时身体能量的供应特点,目前的研究见表6-13 至表6-18。

表6-13　不同能量代谢方式的特点

供能方式	能量物质	合成 CP/kg 肌肉	供能持续时间	最大供能速度
无氧无乳酸	ATP	约 6 mmol	2 ~ 3 s	
	CP	约 20 ~ 30 mmol	5 ~ 7 s	1.6 ~ 3.0 μmol/g/s
无氧乳酸	糖	约 270 mmol	45 ~ 90 s	1.0 μmol/g/s
有氧	糖	约 3000 mmol	45 ~ 90 min	0.50 μmol/g/s
	脂肪	约 5000 mmol	>1 h	0.24 μmol/g/s

(根据 Zintl,1977)

表6-14　不同运动时间能量供应比例

运动持续时间	有氧比例(%)	无氧比例(%)
1 ~ 15 s	5	95 ~ 100
15 ~ 60 s	10 ~ 20	80 ~ 90
1 ~ 6 min	30 ~ 40	60 ~ 70
6 ~ 30 min	80 ~ 90	10 ~ 20
>30 min	95	5

(崔大林,2004.11.24)

表6-15　不同运动时间能量供应比例

运动持续时间	有氧比例（%）	无氧比例（%）
10 ~ 15 s	2	98
60 ~ 90 s	5	95
4 ~ 6 min	25	75
30 ~ 50 min	80	20
135 ~ 180 min	90	10

（E. L. Fox1968）

表6-16　中长时间最大强度运动能量供应比例

运动持续时间	有氧比例（%）	无氧比例（%）
4 ~ 30 min	25	75

（E. L. Fox1979）

表6-17　广东皮划艇队部分优秀运动员150 m最大强度划后血乳酸结果（单位：mmol/L）

姓名	组别	运动级别	即刻	后1分钟	后3分钟	后5分钟	后10分钟
LWJ	划艇短组	国际健将	6.87	7.62	7.66	7.18	7.03
ZWG	划艇短组	健将			5.51	6.37	
LZR	男皮短组	健将	6.09	6.9	7.03	6.95	6.88
ZW	男皮短组	健将	5.61	6.11	6.02	6.42	6.39

表6-18　优秀皮划艇运动员30 s最大强度划船运动后血乳酸特征值

一级指标	二级指标	八级特征指标	项目组别	特征值
体能	生理机能	30 s最大强度划船运动后血乳酸值	划艇短组	> 6 mmol/L
			男皮短组	> 6 mmol/L

由以上表格中可以看出，30 s最大强度运动时，正是无氧无乳酸供能与无氧乳酸供能的交替时间段，在皮划艇的实际比赛过程中，由于从静止起航到船体摆脱惯性，达到桨频的最高值，常出现在比赛的100 m到150 m之间的距离，从时间上来看也就是30 s左右的时间，因此，以30 s最大强度划后乳酸值，可以评价皮划艇运动无氧做功能力，而且，还可以进一步对ATP—CP系统能力做出评定，30 s最大强度划后，机体做功大而乳酸值低者，说明ATP—CP系统储备高，做功小因此乳酸值高，说明ATP—CP系统储备低。此外，还可以间接对机体糖无氧代谢能力做出评定，从测出的最大血乳酸值来看，血乳酸

值越高说明运动员机体耐受乳酸能力越高,肌肉适于参与剧烈运动,肌肉比例快速纤维比例较高,即无氧能力较好,反之,最大乳酸能力较差,即无氧能力较差。同时,动作技术协调的运动员,能充分调动身体肌肉的运动,测出的血乳酸值较高,而技术协调性较差的运动员则反之。

(三)优秀皮划艇运动员心功能力代表性指标的解析

通过专家对设计出的皮划艇运动员特征指标重要程度调查问卷表的评分,根据生理机能部分中指标的权重大小,代表着人体心功能的"最大心率"指标成了典型的代表性指标。在皮划艇训练实践过程中,心率是训练监控最常用的指标之一,在以有氧能力为主导的皮划艇运动训练过程中,常用心率来确定运动强度。反映皮划艇运动员有氧能力高低时常用到心率储备这一概念,而心率储备为最大心率与安静心率之差,可见最大心率对反映皮划艇运动员体能因素的重要性。由于最大心率的测试比较烦琐,实践中常用推算公式来表示(表6-19)。

表6-19　最大心率推算公式

推算公式	提出学者
HRmax = 212−0.77×年龄	Robinson 1938
HRmax = 220−年龄	Fox 1971
HRmax = 215.4−0.9147×年龄	Robert AR 等

由以上三个公式可以看出,年龄决定最大心率,最大心率决定心率储备,心率储备影响了运动能力。因此,年龄小的年轻队员,在这方面占有很大的优势,

根据曹景伟等人的研究,皮划艇运动员首次取得较好成绩的年龄,男子为 18～20 岁,女子为 16～18 岁;最佳成绩的年龄,男子为 21～25 岁,女子为 19～24 岁。下面以国内外优秀运动员取得最好成绩的年龄为例作一分析,见表6-20。

表6-20　国内部分优秀运动员训练年限与最好成绩年龄统计表

姓名	训练起始年龄	第一次最好成绩	最好成绩年龄
钟红燕	15	亚运会冠军	20
LQ	14	奥运会第六	19
HMX	14	全运会冠军	19
LHT	13	全运会冠军	18
LWJ	14	亚锦赛冠军	21

续表6-20

姓名	训练起始年龄	第一次最好成绩	最好成绩年龄
WRW	13	城运会冠军	18
WWQ	13	城运会冠军	18
周玉波		全运会冠军	22
周玉		全运会冠军	20
李臻	15	世界杯冠军	17
周鹏	15	全运会亚军	22
林淼		全运会冠军	20
徐琳蓓		全运会冠军	18
王凤	16	世锦赛第六	20
于腊梅	14	亚运会冠军	23
许亚萍		世界杯冠军	20
孟关良	17	全运会冠军	20
杨文军	15	亚运会冠军	19

由表6-20可以看出,国内大多数的优秀皮划艇运动员的第一次个人最好成绩出现阶段都是在自己的青年时期,这说明年龄在皮划艇项目中具有很大优势。由于年龄决定了最大心率的水平,而最大心率又是有氧能力中心功能的重要影响因素,因此许多优秀皮划艇运动员在自己青年阶段,依靠最佳的身体机能状态取得好成绩后,在以后的多年训练过程中,主要依靠力量素质与动作效率及心理稳定水平的提高来保持较高的运动水平,而决定有氧水平的直接生理机能数据随着年龄的增大,大部分都是呈水平或略微下降的状态,这也与心功能的巅峰期已过有着直接的联系。

(四)优秀皮划艇运动员稳性功能代表性指标的解析

通过专家对设计出的皮划艇运动员特征指标重要程度调查问卷表的评分,根据生理机能部分中指标的权重大小,代表着人体肌肉稳定功能的"划行中身体平衡控制能力性"指标成了典型的代表性指标,通过分析可知,人体肌肉稳定功能性成为国内优秀皮划艇运动员竞技能力特征的重要特征指标,可以从以下四个方面来理解。

第一,从艇本身前进效率的角度,根据流体阻力公式 $F = (1/2)\,C\rho SV^2$,其中 C 相对于不同阻力成分的无因次阻力系数,ρ 为空气密度,S 为船舶湿表面积,V 为物体与流体的相对运动速度。由公式可知,当 C 与 ρ 一定时,要想在艇所受到的前进阻力不变的情况下最大程度使艇获得前进速度,就必须尽可能地减少船艇的湿表面积 S,这就要求无论是划艇运动员还是皮艇运动员,在每次划艇周期中,减少向下分力,最大程度地使力作用在艇前进的方向上,保持船在前进过程中重心的稳定性,减少船身上下的波动幅度,只有这样,才能最大程度地减少船体的湿表面积,使艇在前进过程中所受到的水阻力一定的情况下获得最大的前进速度。

第二,从人体力矩的作用来考虑,由于刚性几何体的重心相对于几何体的位置不变,而流体的重心则会改变,皮划艇运动员在水上划行过程中,如果不能很好地保持住身体的稳定性,则会形成理论上的流体效应,即重心一直改变,而当重心在划行过程中改变时,会产生加速度,由 $F=ma$ 可知,会使运动员身体产生向重心改变方向的作用力,运动员为了保持平衡,根据动量守恒定理,必须要在相反方向发生位移,因此,使艇身产生上下的波动、左右的摆动和船体自身的转动,这都会影响运动员的前进效率。这一点就像在相同摩擦度的平面上,用相同的力推动两个相同重量的生鸡蛋与熟鸡蛋的原理一样,由于生鸡蛋内部是流质状态,在受到外界作用力向前滚动过程中,会产生不同方向的加速度,从而产生分力,影响鸡蛋向前滚动的效率,只能滚动一小段距离;而熟鸡蛋与生鸡蛋虽然重量相同,但在内部已形成了相对的刚体,在滚动过程中重心稳定,因此相比较于相同重量的生鸡蛋,可以有较长的移动距离。

第三,从皮划艇的制作工艺历史来看,在现代皮划艇运动 100 多年的历史过程中,随着流体力学、材料学、运动生物力学、体育工程学等学科的发展,皮划艇的制造工艺也一直进行着革新。船艇在不考虑制作材料的条件下,艇的外形总的趋势是越来越窄,艇身越来越长,以至于皮划艇竞赛规则中对艇的宽度与长度专门做出了限制。艇形也由最早的梭形艇发展到"V"形艇和现在的无凹面菱形、指针形船体;使用的材料从木质到玻璃钢直至目前的碳纤维材料和航空胶合板,这些新型材料的使用虽然在减小摩擦阻力方面效果明显,但由于皮划艇艇体更为光滑,因此在水中更易产生转动,所有的这些器材要求都使得运动员必须有良好的器材稳定与操控能力,这是比赛取得胜利的基本要素(图6-9)。

图6-9　不同时期划艇艇形演变

第四,从运动员在划桨过程中力量的传导效率来看,当运动员完成一桨的划桨动作后,根据作用力与反作用力效果,桨身会获得一个向前的作用力,这个作用力通过运动员的手臂、躯干等部位后,最终传导在艇身上,从而推动艇身的前进。在这个能量传导过程中,如果身体不能保持平衡,就会发生能量的流失,影响到最后艇身所获得的能量。因此,由于皮划艇比赛是在公开水域中进行,受外界环境的影响较大,运动员要想在复杂的外界环境变化中保持艇的高度前进性,首先要维持自身的稳定性,运动员在划艇过程中桨在水中的深度、桨用力的方向等,对于艇速有直接的影响。如果一个划桨动作不正确的运动员想获得较大前进推力无疑是不太可能的,只有当运动员保持艇身的流线型,减小水阻力,将比动力最大化,才能对成绩产生更明显的正影响。因此,身体没有保持平衡、流线型和稳定性,为了调整身体姿势,即使是最有力、最有效的划水也会为了克服阻力而被消耗掉。而且,如果身体不先达到平衡和稳定,就不能发挥最大的划水力度。所以关键点在于使身体保持平衡,这样才能减少身体运动时能量的不必要损失,因此,运动员自身的稳定功能,是决定划行质量的关键因素,因为它不但决定了身体的平衡,还决定了运动员本身驾驭艇身的平衡性,而这是决定成绩的关键因素。

一般情况下,皮划艇运动员在划行过程中维持自身平衡姿态的过程,不需要有意识的控制,是按照图6-10的过程进行的。

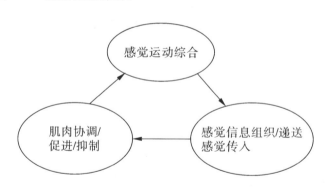

图6-10 人体运动过程中自身平衡调节过程

感官运动综合过程包括人体不断累积视觉系统、前庭功能系统及本体感受系统的信息,将这些信息传入到脑干,脑干结合小脑及大脑皮层的信息后综合一切有关平衡的信息。

肌肉协调过程是指中枢神经系统根据输入信息执行相关的运动反应,包括决定运动的先后顺序及分配肌肉收缩活动,从而保持平衡,并决定适当的时间、适当的方向及适当的幅度去改正身体姿态。

运动员在控制及保持艇的平衡过程中,运动员的平衡感受器主要有以下几个部位

（图6-11）。其中,视觉系统、内耳前庭功能系统、本体感受系统这三个部分用来感觉身体的移动及相对环境的位置并提供信息。其中视觉感觉接收器在视网膜位置负责身体空间定向的必须提示;内耳前庭功能系统主要用来探测头部相对地球引力的活动,例如头倾斜角度及方向、身体姿态是直立或侧斜、身体是站立或移动,其中耳石器官用来感受直线加速度的方向及速度,头倾斜角度等,半规管用为感受身体的旋转加速度的方向及速度等;本体感受系统主要用来感觉地面是否平坦、地面是否在移动,由机械性刺激感受器累积的神经递送到中枢神经系统,感觉身体的位置及肢体的活动;这些信息的输入使运动员能够应付外界环境的改变,使肌肉更有效使用,并合理减少能量消耗。

图6-11 人体平衡感觉器官

对国内优秀皮划艇运动员划行中身体平衡控制能力性分析:目前关于平衡能力的评定方法主要有传统观测法、量表法、利用平衡测试仪的方法及其他一些方法等。由于平衡能力是较复杂的生理综合能力,要准确评估平衡能力需要考虑到测试的实际条件允许,又要考虑到内耳前庭功能系统、视觉系统、本体感受系统三方面对平衡的影响,此外,当内耳前庭功能系统、视觉系统和本体感受系统向中枢传送的感觉信息在大脑皮层整合后,最终还是要通过椎体束支配机体的骨骼肌来维持机体的平衡,如果骨骼肌力量不足,将难以承受机体的重力或者完成维持机体平衡的任务。所以,在评价高水平皮划艇专项运动员的平衡能力时,特别是划前过程中的平衡能力时,将人与艇作为一个整体系统来进行分析显得更为合适。

在对国内优秀皮划艇运动员进行稳定性评定时,从判别的显著性角度考虑,由于皮艇运动员相对于划艇运动员重心低,且为双边桨,在划行过程中身体稳定性较好,因此稳定性的判别不明显。选用划艇运动员,判别的标准有三方面,一是看身体重心的移位情况。如果划艇运动员在拉桨过程中,身体重心有明显的左右偏移或是明显的升高,则认为在这一桨的拉桨过程中稳定性不好。二是看拉桨过程中,上方手的控制。正常情况下,划艇运动员在拉桨过程中,上方要撑住保持固定,以使桨在水中划行时有一个良好的支点,如果在拉桨过程中,上方手撑不住,有明显的波动,则认为这一桨的身体平衡稳定性不够。三是看艇的前进情况。如果运动员在拉过一桨后,艇的前进距离明显减少,则说明这一划桨周期中,运动员不能把全部力量发挥在向前划行的做功过程中,而是将部分力量参与到维持身体平衡的作用中,也认为这一桨的拉桨过程中,身体的平衡稳定性不够。

根据以上标准,以250 m距离为例,优秀划艇运动员在划行过程中约60桨的划桨周期中,出现以上三种情况的有10桨左右,且大都出现在最后50 m左右的距离,主要原因是体能的下降导致的身体稳定性下降,而年轻队员则达到了15桨以后的数量,而且从起航到途中划,直到最后的冲刺阶段,都有以上三种情况的出现,因此,可以认为,优秀皮划艇运动员的身体稳定性明显优于水平较低的皮划艇运动员,且稳定性与专项成绩成正相关,划行过程中身体稳定性是决定运动水平高低的重要因素之一。

(五)优秀皮划艇运动员力量特征代表性指标的解析

根据对皮划艇运动员特征指标重要程度调查问卷表的评分,依据运动素质部分中指标的权重大小,代表着皮划艇运动员力量特征的"(专项)途中阶段桨下最大力值"指标成了典型的代表性指标,这与国内皮划艇界在皮划艇专项训练中注重"每桨效果"的训练理念一致。通过分析可知,皮划艇运动员在途中的划行过程中,如果想表现出最佳的桨下力量,受到多种因素的制约,除了运动员身体的绝对力量外,运动员的"水感"、身体的柔韧性、人体肌肉稳定功能性都是影响桨下最大力值的因素。

从皮划艇划桨时的肌肉运动特点来看,划艇为左右非对称性运动,划桨时左右侧肌肉的用力特点明显不同。划桨侧主要以拉桨肌肉做功为主,躯干屈伸和回旋肌肉为辅;而推撑桨侧则主要表现为摆桨肌肉做功为主,躯干回旋和屈曲肌肉为辅,下肢膝关节屈伸肌肉次之。

在皮艇划桨动作中,上肢肌肉的运动方式、次数和幅度远多于躯干和下肢,上肢肌中的肩带肌与上臂肌做功比率最大,如拉桨时的三角肌后部、肱三头肌和冈下肌、背阔肌等,摆桨时动用的胸大肌、三角肌前部和肱二头肌等;躯干回旋肌肉如腹外斜肌、维持姿势的肌肉如竖脊肌等做功比率次之;下肢主动屈曲、蹬伸的肌肉居第三位,如胫骨前肌和股二头肌、股直肌等。

　　根据目前的研究成果,从奥运会皮划艇比赛项目的全程用力特点来看,在比赛的起航与冲刺阶段,运动员的划桨用力与运动员的最大力量素质相关性较高,而途中阶段则与运动员的力量耐力素质相关性较高。在运动员进入途中划阶段后,除了需要具有保持持续肌肉做功的能力外,每一桨都保持较高的输出功率是优秀皮划艇运动员的重要特征(表6-21)。

表6-21　2008年奥运周期皮划艇国家队某次水上力量素质测试结果(马祖长)

	男子(n=12)		女子(n=12)	
	左侧	右侧	左侧	右侧
最大力量(N)	284.8	264.5	199.8	191.4
平均力量(N)	159.5	166.3	117.8	114.1
平均速度力量(N×m/s)	539.3	566.8	354.9	331.2
体力衰减因子(无量纲)	20.61	14.97	16.89	13.31

　　根据王卫星的研究,在500 m比赛距离中,国内划艇运动员每桨拉力平均接近20~30 kg,皮艇为20 kg左右。从表6-22可以看出,国外优秀男子最大力量达到375 N,相当于38 kg的力量。女子力量是290 N,相当于30 kg的力量。比较国内一桨周期,显然要高很多。

表6-22　生物力学测量国家级皮划艇运动员测试资料(Baker 1998)

	最大力量(N)	冲量(N)	桨频(次/min)	水中用时(s)	%水中用时(s)	速度(m/s)	加速度(m/s²)
男子	375	109	90	0.47	70	4.44	0.46
女子	290	80	99	0.44	72	4.03	0.32

　　广东皮划艇队曾在2012年聘请英国赛艇队的科研人员——英国BioRow公司的Valery Kleshnev博士,为广东队的女子皮艇运动员做了次生物力学测试,结果见表6-23至表6-26。

表6-23 女皮队员 A 生物力学测试分析报告

#	Name	Date	Stroke Rate (str/min)	Drive Time(s)	Rtrythm(%)	Foroe Max(N)	Force Aver(N)	Aver/Max(%)	Acceleration Minimun (m/s2)	Acceleration Maximun (m/s2)	Average Speed (m/s)	Time 500 m (min sec)
1	第一组A	19/08/12	32.3	0.54	28.9%	311.3	191.4	61.5%	-0.97	1.43	3.35	2:29.3
2	第二组A	19/08/12	33.3	0.53	29.4%	328.9	208.4	63.4%	-1.03	1.47	3.46	2:24.3
3	第三组A	19/08/12	3.54	0.51	29.9%	336.9	220.7	65.5%	-1.16	1.58	3.56	2:20.3
4	第四组A	19/08/12	45.7	0.45	34.0%	395.6	263.8	66.7%	-1.51	1.48	4.05	2:03.6
	Averaoe/Sum		36.7	0.51	30.5%	343	221	64%	-1.17	1.49	3.61	

表6-24 女皮队员 B 生物力学测试分析报告

#	Name	Date	Stroke Rate (str/min)	Drive Time(s)	Rhythm(%)	Force Max.(N)	Forve Aver.(N)	Aver/Max(%)	Acceleration Minimum (m/s2)	Acceleration Maximum (m/s2)	Average Speed (m/s)	Time 500 m (min.sec)
1	第一组B	19/08/12	29.3	0.63	30.7%	175.0	116.5	66.6%	-0.91	1.65	2.77	3:00.8
2	第二组B	19/08/12	36.3	0.52	31.7%	248.2	173.7	70.0%	-1.65	2.99	3.59	2:19.1
3	第三组B	19/08/12	41.9	0.48	33.7%	261.6	182.0	69.6%	-2.01	3.58	3.84	2:10.3
4	第四组B	19/08/12	52.7	0.39	33.9%	302.6	204.5	67.6%	-1.98	3.17	4.28	1:56.9
	Average/Sum		40.1	0.51	32.5%	247	169	68%	-1.64	2.85	3.62	

表6-25 女皮队员 C 生物力学测试分析报告

#	Name	Date	Stroke Rate (str/min)	Drive Time(s)	Rhythm(%)	Force Max.(N)	Froce Aver.(N)	Aver/Max(%)	Acceleration Minmum (m/s2):	Acceleration Maxmum (m/s2):	Average Speed (m/s)	Time 500 m (min.sec)
1	第一组c	19/08/12	38.7	0.48	31.2%	198.9	138.7	69.7%	-1.01	1.87	3.62	2:18.2
2	第二组c	19/08/12	42.0	0.47	32.6%	211.8	148.1	69.9%	-1.02	1.71	3.81	2:11.2
3	第三组c	19/08/12	52.0	0.42	36.0%	231.1	164.1	71.0%	-0.96	1.38	4.32	1:55.7
4	第四组c	19/08/12	52.0	0.42	36.7%	235.1	166.1	70.6%	-1.00	1.56	4.27	1:57.0
	Average/Sum		46.2	0.45	34.1%	219	154	70%	-1.00	1.63	4.01	

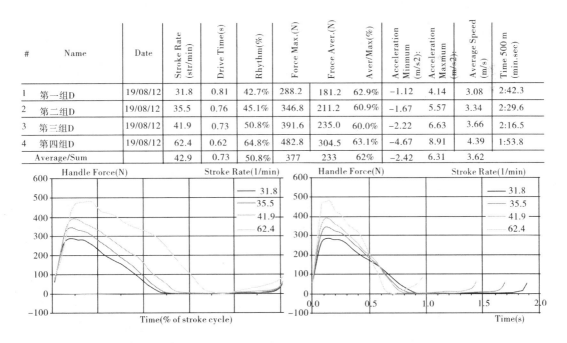

表6-26 划艇队员 D 生物力学测试分析报告

#	Name	Date	Stroke Rate (str/min)	Drive Time(s)	Rhythm(%)	Force Max.(N)	Froce Aver.(N)	Aver/Max(%)	Acceleration Minmum (m/s2):	Acceleration Maxmum (m/s2):	Average Speed (m/s)	Time 500 m (min.sec)
1	第一组D	19/08/12	31.8	0.81	42.7%	288.2	181.2	62.9%	-1.12	4.14	3.08	2:42.3
2	第二组D	19/08/12	35.5	0.76	45.1%	346.8	211.2	60.9%	-1.67	5.57	3.34	2:29.6
3	第三组D	19/08/12	41.9	0.73	50.8%	391.6	235.0	60.0%	-2.22	6.63	3.66	2:16.5
4	第四组D	19/08/12	62.4	0.62	64.8%	482.8	304.5	63.1%	-4.67	8.91	4.39	1:53.8
	Average/Sum		42.9	0.73	50.8%	377	233	62%	-2.42	6.31	3.62	

通过对已有的国内及国外优秀皮划艇运动员划桨效果的生物力学测试研究成果，及将已有的研究成果在实践工作中的验证后可以得出，国内优秀划艇运动员在比赛强度下划行

时,途中阶段桨下最大力量可达到 25 ~ 30 kg;男皮运动员可达到 25 kg 左右,女皮运动员可达到 20 ~ 25 kg。根据广东女皮组 3 名队员的测试结果来看,队员 A 途中阶段的桨下最大力量明显高于队员 B 与队员 C,在运动成绩上,队员 A 优于队员 B 与队员 C,这也可以间接证明优秀皮艇运动员的途中桨下效果要优于一般运动员。此外,皮艇运动员的左右划桨最大力量差较小,两侧用力较为均衡,且有着较强的多桨划,即力量保持能力。

(六)优秀皮划艇运动员耐力特征代表性指标的解析

通过专家对设计出的皮划艇运动员特征指标重要程度调查问卷表的评分,根据运动素质部分中指标的权重大小,代表着皮划艇运动员耐力特征的"(专项)12000 划时间"指标成了典型的代表性指标。

本课题受访对象中,大部分皮划艇专项教练员都对"(专项)12000 划时间"指标表示出了极大的重视,这可以通过国内皮划艇专项训练理念的发展过程了解。我国皮划艇训练界长期以来对皮划艇的专项训练特点缺乏统一的认识,受运动人体科学科研水平及教练员整体文化受教育程度的限制,大部分的国内专项教练员们对专项特征与内在本质属性的认识还只处于感性阶段,特别是在 2004 奥运周期以前,国内对皮划艇运动项目特征的认识按照依据比赛距离及其相应运动时间进行划分的方法,主流认为皮划艇运动是以无氧糖酵解供能为主导的运动项目,相应的在训练中无氧糖酵解供能为主的间歇训练比例安排较大,而对长距离有氧耐力训练重视不足。从 2004 奥运周期开始,国内开始大力聘请国外高水平皮划艇教练及相关训练专家,并由国家队牵头,成立了多项训练科研攻关小组,在这个过程中,国内教练员逐渐认识到长距离有氧长划对皮划艇运动成绩提高的重要性,"以有氧训练为基础"也成为国家队乃至各支省市级皮划艇训练队的训练口号之一,在训练理念改革创新的驱动之下,我国皮划艇运动水平取得了长足的进步,这也为中国皮划艇运动员在 2004 与 2008 奥运赛场上连续获得两枚金牌创造了必要的条件。

认识一个项目的本质特征,首先要清楚此项目的比赛规则与能量供应特点。就目前来讲,确定一个项目能量供应特点有两种方式,一种是间接推算法,另一种是直接测试法。间接推算法是目前大多数项目,包括皮划艇常用的一种方法,这种方法是利用已有的、非以本项目测试结果为依据而得到的理论成果,在此理论成果的基础上,以本项目的运动持续时间来推算出本项目的能量供应特点,而这些理论成果的取得都是在实验室中,用一种易于控制的运动形式,如功率自行车及跑步台等进行测试而得到的结果;直接测试法则是采用与所研究运动项目一致的运动形式,或是采用运动形式基本一致的专业练习设备如赛艇项目采用赛艇测功仪、皮划艇项目采用专用的皮划艇测功仪等装置,利用专业的气体代谢测试仪器,按照一定的生理原则与测试方法对该项目的运动员进行测试后,总结出该项目的项目能量供应特点(表6-27)。

表6-27　运动项目能量供能比例计算方法

名称	测试原理	测试方法
最大累积氧亏法（MAOD）	①能量供应包括有氧和无氧两部分;②中等强度运动时耗氧量与运动强度成线性正相关;③高强度运动时,由强度-耗氧量关系直线外推得到的需氧量减去实际耗氧量即得到该强度下的氧亏	需进行二次测试。第1次为多级中等强度运动负荷的测试,以得到强度-耗氧量的关系直线(y=ax+b);第2次是为了计算供能比例的最大强度运动
最大累积氧亏结合血乳酸法	①能量供应分为有氧、无氧乳酸和无氧非乳酸三部分;②无氧乳酸部分的能量供应可以由运动中血乳酸的净增加量计算获得,而无氧无乳酸部分的能量供应可以通过运动后氧债的快速部分或者单位体重的磷酸原量来计算获得	利用公式计算: 无氧无乳酸部分 = VO2PCR(ml)×能量当量(J/ml) 无氧乳酸部分 = 运动生成血乳酸量(mmol/L)×氧气-乳酸换算系数(ml/g/mmol. L)×体重(kg)×能量当量(J/ml) 有氧部分 = 运动 VO2(ml)× 能量当量(J/ml)有氧供能比例=100×有氧部分/(无氧无乳酸部分+无氧乳酸部分+有氧部分)
运用单位体重的磷酸原量计算	认为人体运动时基本的能量供应物质,磷酸原量在肌肉内是相对固定的,并可以以此为基础进行能量供应量的计算	利用公式计算: 总能量 = 无氧供能量×能量当量 · 最大摄氧量 · 运动时间×能量当量 · 最大摄氧量 · $\tau(1-e^{-1}p^{1/t})$ 无氧供能量 = $(0.418 \text{ KJ/kg}+\beta[La]b)m_b$ 有氧供能量 = 100×(总能量-无氧供能量)/总能量

按照上述方法,目前的主要理论成果见图6-12、图6-13,表6-28。

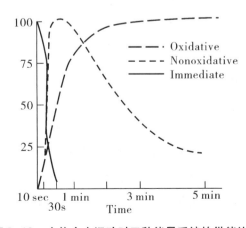

图6-12　人体全力运动时三种能量系统的供能比例

	1	2	3	4	5	6	7 min	共计
功率(mkp/min)	4 300	3 200	2 700	2 600	2 600	2 700	3 000	21 100mkp=100%
有氧功率(mkp/min)	2 000	2 350	2 500	2 550	2 500	2 650	2 700	17 300mkp=82.1%
无氧非乳酸功率(mkp/min)	1 100							1 100 mkp=5.9%
无氧乳酸功率(mkp/min)	1 200	850	200	50	20	50	330	2 470mkp=11.7%
乳酸生成速率(mM/l·min)	8.4	5.9	1.4	0.4		0.4	2.1	
累积乳酸(mM/ln)	8.4	14.3	15.7	16.1	16.1	16.5	18.6	
%累积乳酸	45.2	77.0	84.5	86.6	86.6	88.5	100	
$\dot{V}O_2$(ml/min)	4 500	5 300	5 500	5 700	5 750	5 800	6 000	38 000 ml
%$\dot{V}O_{2max}$	77.6	91.4	95.7	98.3	99.1	100		

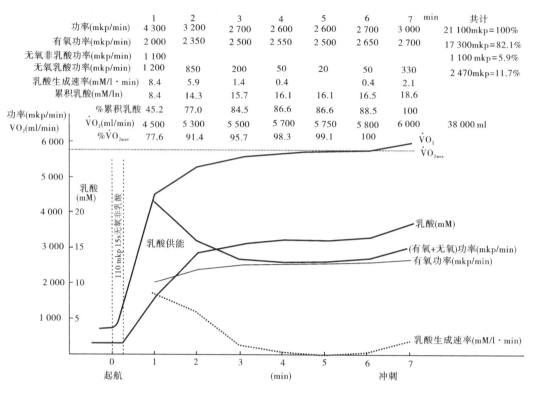

图6-13 赛艇模拟比赛过程能量供应特征曲线

表6-28 不同距离皮划艇比赛的氧气需求和有氧代谢比例

项目距离	氧气的消耗量(L)	有氧代谢(%)	无氧代谢(%)
250 m	25	20	80
500 m	35	50	50
1000 m	50	65	35

（引译自国际划联内部资料，2001）

从奥运会皮划艇比赛项目所用时间来看，以国际划联网站公布的比赛成绩为依据，截止到2013年9月1日，在200 m比赛项目上，用时最短的是男子双人皮艇，是由俄罗斯选手POSTRIGAY、Yury和DYACHENKO、Alexander于2013年在德国的杜伊斯堡创造的，成绩为31秒182；500 m比赛上只有女子项目，目前的最好成绩是女子四人皮艇项目，是由德国选手FISHER、Fanny、REINHARDT、Nicole，WAGNER－AUGUSTIN、Katrin、DIETZE、Tina于2010年在西班牙的Trasona创造的，成绩为1分30秒719；1000 m比赛项目上，用时最短的是男子四人皮艇项目，是由德国选手BROECKL、Norman、GLEINERT、Robert，HOFF、Max、MITTELSTEDT、Paul于2011年在匈牙利的塞格德创造的，成绩为2分

47秒734。

根据上述皮划艇比赛所需时间及已有的能量供应研究数据可知,在皮划艇比赛中,1000 m比赛距离和500 m比赛距离中,有氧供能系统占主要比重,即便是以无氧代谢为主的200 m比赛距离,由于有氧供能能力是无氧能力的基础,高度的无氧能力是建立在高度发展的有氧能力的基础上的,高度的有氧能力不仅有助于提高有氧供能速率,而且也有助于加快乳酸的消除。特别是对于皮划艇这一人操控器材、借助桨拉力向前移动的项目,人与器材的协调配合技术的稳定性,将有利于提高整个动作效率,因此,发展有氧能力,有氧训练质量的好坏,将是决定一名皮划艇运动员水平高低的重要因素。

在明确了有氧耐力训练水平对皮划艇运动员的重要性之后,接下来的问题便是如何练有氧耐力。运动员有氧能力的提高,最根本的在于提高运动员机体内细胞内线粒体的功能水平,可以说线粒体是决定长时间、长距离项目运动员能力的主要因素。根据德国体科会分会主任Hartmann 2011年在广东省船艇训练中心讲课交流时的内部资料来看,运动后产生的血乳酸会使人体内线粒体的分解速度加快,以至于减少体内线粒体的数量,而以Hartmann对德国赛艇队20多年的研究分析表明,当赛艇运动员运动强度达到最大摄氧量的70%~78%、最高船速的90%左右、体内血乳酸超过2.5 mmol/L时,线粒体的分解速度会达到80%,并从保护线粒体功能及数量的角度,提出了赛艇运动员有氧耐力训练的合适强度应在最大摄氧量的56%、最高船速的77%、血乳酸浓度应控制在2 mmol/L之内的训练强度要求(图6-14)。

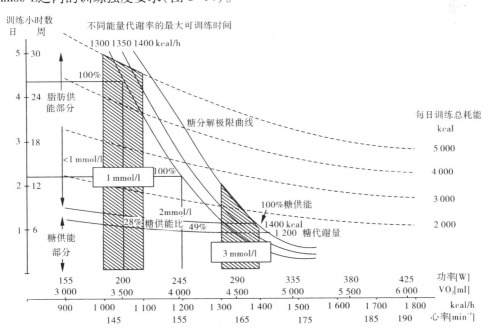

图6-14　赛艇训练量与能源物质的关系示意图

根据意大利生理学家 Di Prampero 于 1986 年提出的能量消耗概念,以周期性运动项目为例,不同的运动方式在能量消耗方面有很大不同(表 6-29)。

表 6-29　不同运动方式能量消耗关系

运动方式	速度	能量消耗	参与运动肌肉	最大乳酸稳态值
骑行	最快	最低	少	高
滑行	最快	最低	少	高
划行	中速	中等	中等	较高
跑	中速	中等	中等	较高
游	最低	最高	多	低

根据目前现有的研究,在全力运动过程中,划艇运动员参与动作的肌肉数量多于皮艇运动员,由此可推断出划艇运动员练有氧耐力的血乳酸值也应略高于皮艇运动员。广东皮划艇队曾在 2009 年做过一次 12 000 m 正常训练过程中的血乳酸测试,测试前并不告诉运动员有此项测试计划,由相关血样采集人员与教练员一起在摩托艇上观察运动员的划行状态,等到运动员划行时间超过 20 分钟后且桨频与船速都比较稳定时,随机召唤运动员,让运动员立即靠到科研人员旁边进行血样采集,采集后的血乳酸结果显示,皮艇与划艇运动员的血乳酸值都在 1.7～3.1 mmol/L 范围内,这说明 12 000 m 的训练是属于比较适合于皮划艇运动员有氧耐力训练的一种手段,而皮划艇运动员 12 000 m 划的情况可以反映出该项目优秀运动员有氧耐力的特征。

将 12 000 m 有氧划作为基础有氧耐力的练习手段是广东皮划艇队在 2001 第九届全运会周期内,由聘请的德国籍外教带来的一种训练方法。这个训练方法 01 全运周期在广东队获得成功后,也被国内其他专业队伍所借鉴,目前已成为国内皮划艇专业训练中最常见的一种基础有氧耐力练习方法。时至今日,广东队仍以 12 000 m 划或 60 分钟划为主要的耐力训练方法,并在每年都有 4～8 次的 12 000 m 划测试。下面,便以广东皮划艇队达到健将水平的运动员在 2013 年辽宁全运会训练周期中的成绩为例,对运动员在这四年中 12 000 m 划表现出的特征做一分析(表 6-30)。

表 6-30　广东皮划艇队部分优秀选手 12 000 m 划测试 2010—2013 每年最好成绩统计表

姓名	项目	2010 年	2011 年	2012 年	2013 年
LWW	划艇	1:01:29.61	1:02:48.46	0:59:56.18	1:00:51.69
LZS	划艇	1:02:38.53	1:00:35.36	0:57:47.70	0:59:05.68

续表 6-30

姓名	项目	2010 年	2011 年	2012 年	2013 年
WRW	划艇	0:58:54.67	0:59:03.59	0:57:32.00	0:57:35.49
ZPF	划艇	1:00:01.17	0:59:24.37	0:56:35.88	0:59:30.36
YPY	划艇	1:01:58.91	0:59:46.39	1:01:14.66	1:00:31.03
KHL	女皮	0:59:38.00	0:38:24(8 km)	0:59:32.00	0:59:33.93
GF	女皮	1:01:12.43	0:38:35(8 km)	1:02:04.00	0:59:41.62
WWQ	女皮	1:01:47.28	0:39:50(8 km)	1:01:08.00	0:58:59.58
LZR	男皮	0:56:04.56	0:57:02.30	0:55:44.03	0:55:19.73
ZY	男皮	0:56:42.72	0:55:35.89	0:55:31.51	0:56:26.61
ZZH	男皮	0:54:10.40	0:52:39.66	0:55:06.38	0:52:28.87
ZTH	男皮	0:57:16.35	0:58:42.08	0:54:36.93	0:54:51.67
BPF	男皮	0:59:15.47	0:54:30.76	0:52:38.58	0:53:27.05
MQL	男皮	0:56:28.99	0:53:43.39	0:52:16.75	0:53:35.38
CCY	男皮	0:59:11.00	0:56:31.29	0:54:27.00	0:52:19.67
LC	男皮	0:58:11.00	0:54:31.96	0:55:30.67	0:52:42.99

（注:2011 年女皮组的测试为 8000 m 划）

　　为了对比的简洁性,将所有运动员的 12 000 m 划成绩转换为 1000 m 划的平均成绩,可以观察到运动的有氧耐力指标变化趋势如图 6-15 所示。

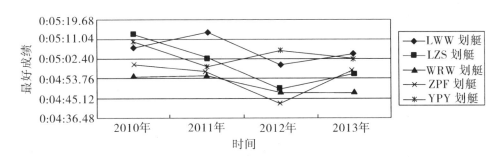

图 6-15　划艇运动员 2013 周期 12 000 m 划每年最好成绩趋势图

　　划艇运动员四年周期中,以每年 12 000 m 划的最好成绩为依据来考查运动员的有氧耐力水平变化特点,趋势较为明显。除一名队员的最好成绩出现在 2011 年外(即四年周期训练的第二年中),其他运动员的最好成绩均是出现在 2012 年,即四年周期训练的第 3 年。从出现的月份来看,每年出现最好测试成绩的月份都是在 1~3 月或是 6~8 月间,即每年的冬训基础能力板块结束后,和夏训的有氧储备板块结束后,大部分队员都是在6~8月份出现最好成绩,少数年轻队员是在冬训期间划出自己的全年12 000 m划最好成绩(图6-16)。

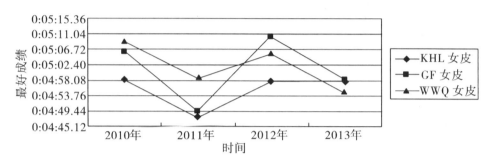

图6-16 女皮运动员2013周期12 000 m划每年最好成绩趋势图

女皮运动员四年周期中,以每年12 000 m划或8000 m划的最好成绩为依据来考查运动员的有氧耐力水平变化特点,趋势相对来说不明显。两名队员的最好成绩出现在2011年外(即四年周期训练的第二年中),一名运动员的最好成绩均是出现在2013年,即四年周期训练的最后比赛年。从出现的月份来看,每年出现最好测试成绩的月份都是在1~3月或是6~8月间,这一点与划艇运动员的特征相一致(图6-17)。

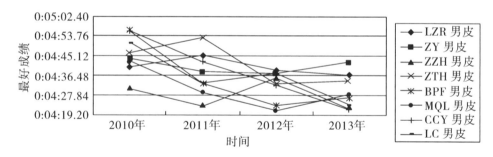

图6-17 男皮运动员2013周期12 000 m划每年最好成绩趋势图

男皮运动员四年周期中,以每年12 000 m划的最好成绩为依据来考查运动员的有氧耐力水平变化特点,趋势较为明显。有5名队员的最好成绩出现在2013年外(即四年周期训练的最后一年中),其他3名运动员的最好成绩均是出现在2012年,即四年周期训练的第三年。从出现的月份来看,大部分队员都是在6~8月份出现最好成绩,少数年轻队员是在冬训期间划出自己的全年12 000 m划最好成绩(表6-31)。

表 6-31　优秀皮划艇运动员 12 000 m 划特征值（1000 m 平均成绩与标准差）

项目	$\bar{x}$	±s
划艇	4 分 59 秒 34	6 秒 61
男皮	4 分 36 秒 20	11 秒 90
女皮	4 分 59 秒 47	6 秒 78

（七）优秀皮划艇运动员速度特征代表性指标的解析

通过专家对设计出的皮划艇运动员特征指标重要程度调查问卷表的评分，根据运动素质部分中指标的权重大小，代表着皮划艇运动员速度特征的"途中阶段艇行进平均速度值"指标成了典型的代表性指标，通过已有的研究成果可知，优秀皮划艇运动员在比赛中除了各分段上有较好的速度值外，较好的平均速度是领先对手、取得优秀成绩的主要特征。

根据皮划艇静水比赛与人体能量供应的特点，一般来讲，将皮划艇比赛的全程竞速结构分为起航阶段、加速阶段、途中阶段与冲刺阶段，与之相对应的是运动员的起航速度、加速速度、途中速度与冲刺速度。根据梁海丹（2006）"中国优秀静水划艇运动员划桨技术的运动学分析"的研究，以我国第十届全运会皮划艇静水比赛中取得冠军的艇为例，各项速度指标如最大速度、最小速度、速度差值等，都接近于皮划艇世界杯比赛中冠军艇的相应速度指标，唯一一项有显著性差异的指标便是平均速度值，这也可以表现为运动员在比赛过程中的速度保持能力上，也就是说相对世界水平的优秀皮划艇运动员，我国优秀皮划艇运动员速度的稳定性较差，具体内容见表 6-32 至表 6-39。

表 6-32　三名国际健将级划艇选手某次训练中第一组划分段成绩与桨频

姓名	项目	100 m	200 m	300 m	400 m	500 m	600 m	700 m	800 m	900 m	1000 m
LQ	时间	0:23.5	0:47.8	1:13.1	1:39.0	2:05.3	2:31.7	2:58.3	3:25.3	3:52.4	4:19.9
	分段时间	0:23.5	0:24.4	0:25.2	0:26.0	0:26.2	0:26.5	0:26.6	0:27.0	0:27.1	0:27.5
	分段桨频（次/min）	57	49	45	45	45	45	44	44	43	43
HMX	时间	0:22.5	0:45.6	1:10.0	1:35.5	2:01.1	2:26.7	2:52.2	3:18.0	3:44.1	4:09.2
	分段时间	0:22.5	0:23.1	0:24.4	0:25.5	0:25.6	0:25.6	0:25.5	0:25.7	0:26.1	0:25.1
	分段桨频（次/min）	62	54	52	48	49	49	50	48	49	50
XWY	时间	0:23.9	0:48.6	1:13.9	1:39.4	2:05.0	2:30.6	2:56.4	3:22.7	3:49.1	4:14.8
	分段时间	0:23.9	0:24.7	0:25.3	0:25.5	0:25.7	0:25.5	0:25.8	0:26.3	0:26.4	0:25.7
	分段桨频（次/min）	60	53	49	50	50	49	50	48	48	49

表6-33　三名国际健将级划艇选手某次训练中第二组划分段成绩与桨频

姓名	项目	100 m	200 m	300 m	400 m	500 m	600 m	700 m	800 m	900 m	1000 m
LQ	时间	0:23.8	0:48.7	1:13.9	1:39.7	2:06.1	2:32.6	2:59.0	3:25.6	3:52.4	4:19.0
	分段时间	0:23.8	0:25.0	0:25.2	0:25.8	0:26.4	0:26.5	0:26.4	0:26.6	0:26.8	0:26.6
	分段桨频（次/min）	52	49	45	47	45	44	43	43	41	43
XWY	时间	0:24.5	0:49.5	1:14.9	1:40.3	2:06.3	2:32.1	2:56.9	3:22.3	3:47.4	4:12.6
	分段时间	0:24.5	0:25.0	0:25.4	0:25.3	0:26.0	0:25.8	0:24.9	0:25.4	0:25.1	0:25.1
	分段桨频（次/min）	63	53	54	50	51	51	50	51	51	54
HMX	时间	0:23.9	0:48.6	1:14.1	1:39.6	2:05.6	2:31.5	2:57.5	3:23.7	3:49.6	4:14.6
	分段时间	0:23.9	0:24.7	0:25.6	0:25.5	0:26.0	0:25.9	0:26.0	0:26.3	0:25.9	0:25.0
	分段桨频（次/min）	58	55	50	49	49	48	48	47	49	51

表6-34　三名国际健将级划艇选手某次训练中第三组划分段成绩与桨频

姓名	项目	100 m	200 m	300 m	400 m	500 m	600 m	700 m	800 m	900 m	1000 m
LQ	时间	0:25.1	0:50.2	1:16.1	1:42.0	2:07.9	2:33.8	2:59.9	3:26.1	3:51.9	4:17.6
	分段时间	0:25.1	0:25.1	0:25.9	0:25.9	0:25.9	0:25.9	0:26.0	0:26.2	0:25.8	0:25.7
	分段桨频（次/min）	49	46	48	48	47	46	46	44	44	46
XWY	时间	0:25.7	0:51.4	1:17.1	1:43.4	2:09.6	2:35.0	3:00.0	3:25.0	3:50.0	4:14.2
	分段时间	0:25.7	0:25.7	0:25.7	0:26.3	0:26.2	0:25.5	0:24.9	0:25.0	0:24.9	0:24.3
	分段桨频（次/min）	52	51	52	51	51	52	52	52	52	51
HMX	时间	0:24.6	0:49.7	1:16.0	1:40.7	2:06.5	2:32.2	2:58.0	3:23.8	3:49.6	4:14.2
	分段时间	0:24.6	0:25.0	0:26.3	0:24.7	0:25.8	0:25.7	0:25.8	0:25.8	0:25.8	0:24.6
	分段桨频（次/min）	53	52	51	50	48	48	47	48	48	52

表6-35　三名国际健将级划艇选手三组测试结果分析

姓名	项目	第一组		第二组		第三组	
		$\bar{x}$	±s	$\bar{x}$	±s	$\bar{x}$	±s
LQ	分段时间	0:26.0	0:01.3	0:25.9	0:01.0	0:25.8	0:00.4
	分段桨频（次/min）	46.0	4.2	45.2	3.3	46.4	1.6
HMX	分段时间	0:24.9	0:01.2	0:25.5	0:00.7	0:25.4	0:00.6
	分段桨频（次/min）	51.1	4.3	50.4	3.5	49.7	2.2
XWY	分段时间	0:25.5	0:00.7	0:25.3	0:00.4	0:25.4	0:00.6
	分段桨频（次/min）	50.6	3.6	52.8	3.9	51.6	0.5

表6-36　三名健将级男皮选手某次训练中第一组划分段成绩与桨频

姓名	项目	100 m	200 m	300 m	400 m	500 m	600 m	700 m	800 m	900 m	1000 m
PY	时间	0:22.1	0:44.4	1:07.3	1:30.0	1:53.6	2:17.2	2:41.0	3:04.7	3:29.6	3:50.3
	分段时间	0:22.1	0:22.3	0:22.9	0:22.7	0:23.6	0:23.6	0:23.8	0:23.7	0:24.9	0:20.7
	桨频（次/min）	114	101	101	94	92	94	94	94	95	95
HYL	时间	0:21.7	0:43.6	1:07.2	1:30.9	1:54.5	2:18.5	2:41.7	3:05.2	3:28.3	3:50.5
	分段时间	0:21.7	0:21.8	0:23.6	0:23.7	0:23.6	0:24.0	0:23.2	0:23.5	0:23.1	0:22.3
	桨频（次/min）	106	107	106	101	95	100	98	92	98	98
ZY	时间	0:22.5	0:45.0	1:07.4	1:30.6	1:54.2	2:17.8	2:41.6	3:05.8	3:29.6	3:53.9
	分段时间	0:22.5	0:22.4	0:22.4	0:23.2	0:23.6	0:23.6	0:23.8	0:24.1	0:23.9	0:24.3
	桨频（次/min）	107	96	92	90	91	90	90	93	92	95

表6-37　三名健将级男皮选手某次训练中第二组划分段成绩与桨频

姓名	项目	100 m	200 m	300 m	400 m	500 m	600 m	700 m	800 m	900 m	1000 m
PY	时间	0:22.5	0:43.8	1:08.2	1:30.8	1:54.2	2:17.6	2:40.8	3:04.4	3:27.5	3:50.8
	分段时间	0:22.5	0:21.3	0:24.3	0:22.6	0:23.4	0:23.4	0:23.2	0:23.6	0:23.1	0:23.2
	桨频（次/min）	117	101	105	103	99	97	96	98	95	99
HYL	时间	0:22.7	0:45.8	1:09.2	1:32.3	1:56.1	2:19.4	2:43.0	3:06.2	3:29.8	3:53.3
	分段时间	0:22.7	0:23.1	0:23.3	0:23.1	0:23.9	0:23.3	0:23.6	0:23.3	0:23.6	0:23.5
	桨频（次/min）	110	105	105	96	98	97	96	99	100	93
ZY	时间	0:22.6	0:45.1	1:08.0	1:31.5	1:55.5	2:19.3	2:43.2	3:06.9	3:31.0	3:55.2
	分段时间	0:22.6	0:22.4	0:22.9	0:23.5	0:24.0	0:23.8	0:23.9	0:23.7	0:24.1	0:24.2
	桨频（次/min）	105	96	95	95	91	91	91	90	90	92

表6-38　两名健将级男皮选手某次训练中第三组划分段成绩与桨频

姓名	项目	100 m	200 m	300 m	400 m	500 m	600 m	700 m	800 m	900 m	1000 m
PY	时间	0:22.7	0:45.2	1:08.8	1:32.7	1:56.8	2:19.9	2:42.9	3:06.1	3:29.1	3:52.0
	分段时间	0:22.7	0:22.5	0:23.6	0:23.8	0:24.1	0:23.1	0:23.0	0:23.2	0:23.0	0:23.0
	桨频（次/min）	122	100	99	105	92	99	99	106	98	97
ZY	时间	0:22.9	0:45.4	1:08.7	1:32.6	1:56.4	2:20.3	2:44.0	3:07.6	3:31.2	3:55.0
	分段时间	0:22.9	0:22.5	0:23.3	0:23.9	0:23.8	0:23.9	0:23.8	0:23.6	0:23.5	0:23.9
	桨频（次/min）	104	98	91	91	90	91	93	92	92	93

表6-39　三名健将级男皮选手三组测试结果分析

姓名	项目	第一组		第二组		第三组	
		$\bar{x}$	±s	$\bar{x}$	±s	$\bar{x}$	±s
PY	分段时间	0:23.0	0:01.2	0:23.1	0:00.8	0:23.2	0:00.5
	分段桨频（次/min）	97.4	6.6	101.0	6.4	101.7	8.1
HYL	分段时间	0:23.1	0:00.8	0:23.3	0:00.3		
	分段桨频（次/min）	100.1	5.0	99.9	5.2		
ZY	分段时间	0:23.4	0:00.7	0:23.5	0:00.6	0:23.5	0:00.5
	分段桨频（次/min）	93.6	5.1	93.6	4.6	93.5	4.3

表6-40以广东队某健将级运动员在2013年某阶段训练中三次200 m专项测试的情况为例加以分析（表6-41）。

表6-40　一名健将级划艇200 m选手某次测试中四组划分段成绩与桨频

次别	项目	50 m	100 m	150 m	200 m
第一次	分段时间（s）	10.73	21.15	31.3	42.54
	时间（s）	10.73	10.42	10.15	11.24
	桨频（次/min）	71	64	57	57
第二次	分段时间（s）	10.88	20.86	31	41.53
	时间（s）	10.88	9.98	10.14	10.53
	桨频（次/min）	72	69	61	69
第三次	分段时间（s）	10.67	20.18	30.21	40.21
	时间（s）	10.67	9.51	10.03	10
	桨频（次/min）	78	70	66	68
第四次	分段时间（s）	10.56	19.98	29.61	39.84
	时间（s）	10.56	9.42	9.63	10.23
	桨频（次/min）	73	74	70	69

表6-41　一名健将级划艇200 m选手某次测试结果分析

项目	第一次		第二次		第三次		第四次	
	$\bar{x}$	±s	$\bar{x}$	±s	$\bar{x}$	±s	$\bar{x}$	±s
分段时间（s）	10.64	0.47	10.38	0.40	10.05	0.48	9.96	0.53
桨频（次/min）	62.3	6.7	67.8	4.7	70.5	5.3	71.5	2.4

　　从以上表格中可以看出，无论是长距离选手还是短距离选手，在划行过程中速度的稳定性高低是皮划艇运动员速度能力的重要特征，三名长距离选手在 1000 m 的划行过程中，每 100 m 的分段时间差值只有 1 秒左右，这说明了优秀皮划艇选手能够保持相对较高的平均速度，即具有较好的速度稳定性。根据国外专家的研究成果，船速波动值每增加 1%，则比赛总时间增加 0.25%。这是因为船速差越小、船速越恒定，则水阻力做功越小。因此，除了起航阶段需要尽快使船体摆脱惯性、获得向前的加速度外，在途中航行过程中保持较高的平均船速是优秀皮划艇运动员重要的速度能力特征，运动员平均速度越稳定，则艇的行进效果越好。

(八)优秀皮划艇运动员柔韧特征代表性指标的解析

　　通过专家对设计出的皮划艇运动员特征指标重要程度调查问卷表的评分，根据运动素质部分中指标的权重大小，代表着皮划艇运动员柔韧特征的"(专项)划桨动作动态四肢伸展度"指标成了典型的代表性指标。

　　按照人民体育出版社 2000 年 8 月出版的《运动训练学》第 2 版书中定义，柔韧素质是指人体关节在不同方向上的运动能力以及肌肉、韧带等软组织的伸展能力。按照以上定义，可以将柔韧性进一步解析为如下概念：①关节运动范围；②关节在其本身生理范围内自由移动的能力；③人体在进行有目的的动作练习时以需要的速度最大范围运动的能力。

　　按照柔韧素质与运动专项的关系，可分为一般柔韧素质与专项柔韧素质；再进一步按照运动的方式，可分为被动的静态伸展性与主动的动态伸展性。皮划艇运动员的专项柔韧素质，则是指对于划船专项运动所需要的特殊柔韧性，由于在划船动作过程中，运动员都是主动地去完成某一特定动作，因此专项动态伸展性便成为皮划艇运动员重要的专项素质之一。

　　决定柔韧素质的因素有性别、年龄、体温、运动器官的构造(如脂肪含量及关节的骨结构等)、关节周围的体积大小及拉伸时的疼痛感阈，对于进行多年专业训练的运动员来说，决定柔韧素质的因素除了上述生理部分外，在运动时韧带、肌腱、肌肉和皮肤的伸展性，特别是肌肉之间的均衡性、运动过程中主动肌与拮抗肌之间的协调性成为关键因素。

　　良好的柔韧性可以增加运动时关节的活动幅度，增加对动作的随意支配能力，使动作更到位、更加精确。同时，良好的柔韧性还可以提高运动的效率，例如皮划艇运动员在划船过程中，良好的柔韧素质可以增大动作幅度，由于好的柔韧性使主动肌工作时，拮抗肌更放松，因此整个运动过程更加经济；最重要的一点是减少运动损伤、特别是肌肉拉伤的风险。

对于皮划艇运动员柔韧功能中代表性指标"（专项）划桨动作动态四肢伸展度"指标的测量，除了采用与专项动作相适应的测量方法外（如坐姿与跪姿最大前伸量），对身体肌肉主动肌与拮抗肌之间平衡性的测量，对于高水平皮划艇运动员具有更显著的效果。美国矫形训练专家 Gray Cook 和训练专家 Lee Burton 等人于 20 世纪 90 年代提出并设计的功能动作测试（FMS），是目前在国内竞技体育中已经较为广泛应用的身体肌肉功能测试方法，FMS 测试是一个等级排名评价检测标准，可以评测人体肌肉运动系统的非对称和局限性，尽可能地减少不必要的测试和数据分析（表 6-42）。鉴于此项特点，可以将FMS 测试用来评定皮划艇运动员肌肉的动态平衡性，以达到评价皮划艇运动员"（专项）划桨动作动态四肢伸展度"的特征值。

表 6-42　FMS 测试方法与评分标准

名称	图解	目的	得分标准
1. 深蹲		评价髋、膝、踝关节的双侧对称功能活动能力；测试胸椎和双肩的双侧对称功能活动能力	3：躯干上部平行于胫骨或趋向于垂直地面 （1）股骨低于水平面 （2）膝沿足方向不过足尖 （3）棒位于足正上方 2：只能在足跟下加踮木条的前提下完成上面的标准 1：身体出现代偿动作或不能完成动作 0：动作过程中出现疼痛
2. 跨栏架		评定髋、膝、踝关节的稳定性和两侧功能的灵活性	3：髋、膝和踝保持在矢状面 （1）腰椎保持稳定 （2）棒与栏架保持平行 2：身体出现代偿动作（扭，前倾或旋） 1：失去平衡或碰杆 0：动作过程中出现疼痛

续表 6-42

名称	图解	目的	得分标准
3.直线蹲		评价髋部的稳定性与活动能力,股四头肌的柔韧性及膝踝关节的稳定性	3:躯干保持稳定 (1)足保持在矢状面内 (2)膝接触前足跟 2:动作完成过程中出现代偿动作 1:不能完成动作或失去平衡 0:动作过程中出现疼痛
4.肩部柔韧性		综合测评肩关节内旋、后伸及内收能力	3:两拳距离小于手掌长 2:两拳距离小于3/2手掌长 1:两拳距离大于3/2手掌长 0:动作过程中出现疼痛
5.下肢柔韧性		评价腘绳肌与比目鱼肌的柔韧性、保持骨盆稳定性和异侧腿的主动伸展能力	3:脚踝过大转子 2:脚踝位于大转子与大腿中线间 1:脚踝未能过膝盖 0:动作过程中出现疼痛
6.俯卧撑		在上侧对称性活动中,测试躯干水平面内的稳定性,同时直接测试肩胛骨的稳定性	3:男子两大拇指置于前额高度 3:女子两大拇指置于下巴高度 (1)将身体作为一个整体推起 (2)腰部未下掉 2:男子两大拇指置于下巴高度 2:女子两大拇指置于锁骨高度 1:不能完成动作或出现代偿(腰部下掉) 0:动作过程中出现疼痛
7.体旋稳定性		在上下肢联合运动中测试躯干的多向稳定性	3:同侧活动 (1)躯干保持水平 (2)膝肘沿直线运动 2:对侧活动 1:失去平衡或不能完成动作 0:动作过程中出现疼痛

对比 2014 年广东皮划艇项目参加省队集训选拔的 54 名运动员(平均年龄 15.6 岁,平均训练年限 1 年 9 个月)与 7 名具有健将运动等级的优秀运动员(平均年龄 21.5 岁,

平均训练年限 5 年以上）进行 FMS 测试的结果可知，对于青年运动员，无论是男皮女皮还是划艇项目，FMS 测试的分数都很高，基本上得分都是在 18～20 分之间，而老运动员则得分较低，基本上都是在 18 分以下。

皮划艇项目的优秀运动员与专项运动水平较低的青年运动员相比较，参加 FMS 测试后普遍分数较低，相对来讲肌肉之间均衡性较差，原因可能有以下几种。一是优秀运动员在经过多年的专项训练后，身体结构产生了专项适应性变化，与划船动作相关性较好的肌群力量较好，而一些在划船动作中非主要动作肌群相对来说则力量较小，这就造成了主动肌与拮抗肌之间的不均衡性。二是由于我国目前的竞技训练体制，优秀运动员在进入省队层次成为职业化运动员之后，专项训练量与强度都非常高，由于赛制的压力与训练认知水平的限制，专项教练员很难将康复与再生训练纳入到日常的训练计划中，都是对运动员不断地施加训练压力，在这种情况下运动员在常年专项训练过程中身体得不到恢复，因此一些老运动员在多年训练后身体都会有不同程度的劳损情况，而这种情况在青年运动员中很少出现，这也是很多优秀运动员在参加 FMS 测试中一些动作测试因出现疼痛感而分数较低的原因。三是广东省青少年训练体系中近年来越来越重视功能性训练的作用，并将国外一些先进理念纳入到青少年的训练体系中，例如从 2014 年开始，广东省体育系统已将 FMS 测试纳入到青少年的常规体能测试项目当中，由于这个原因，广东各市队层次的青年运动员很早便开始接触 FMS 测试，并在测试的压力下，进行了大量的 FMS 考试动作训练，这使得青少年运动员在测试中已适应了动作要求，得以有了较好的成绩。对于这种现象的产生，国内教练们有着不同的见解。一种见解是认为这种现象的产生是不可避免的训练结果，是一种正常现象。不仅在国内，国外的优秀皮划艇运动员中也存在此现象，从伤病的角度考虑，应该重点考虑在皮划艇运动员的日常训练中加入肌肉拉伸与放松、全身性的基础体能训练（如全身力量训练）及一些辅助性训练（如足球、健美操等），最大程度减少优势肌群与劣势肌群之间的差距，防止损伤的产生；而另外一种见解则是认为这种现象是种不正常现象，是目前国内皮划艇训练乃至整个竞技体育训练中的弊病，是影响目前我国竞技运动水平提高的主要原因之一。为此，在训练中大量引入了功能性训练，保持肌肉之间的力量均衡性，这样做不仅是为了防止伤病，还希望借此来达到最终提高运动成绩的目标。但持第一种观点的教练员，却不认同这种观点，如德国前国家队主教练约瑟夫认为，目前国内流行的功能性训练，在一些皮划艇运动强国中也很普通，但按照训练进度的安排，是青少年运动员训练的主要内容，如按照德国皮划艇训练大纲，16 岁以前的皮划艇运动员，陆上训练比例与水上训练比例应为 1∶1 的关系，在大量的陆上训练中应安排类似功能性训练的部分，但到了成年运动员的训练阶段后，应加大水上（专项）训练的比例，类似的功能性训练方法已不能成为训练的重点内容,都是作为运动员本身的训练主内容结束后的一种调整性训练,但考虑到国外运动员训练起始时间早于国内运动员,且职业素质优于国内运动员,因此这种结论仍有待讨论。

二、优秀皮划艇运动员技能、心能类代表性指标的解析

(一)优秀皮划艇运动员技术类代表性指标的解析

通过专家对设计出的皮划艇运动员特征指标重要程度调查问卷表的评分,根据技能部分中指标的权重大小,代表着皮划艇运动员节奏特征的"起航、加速、途中、冲刺阶段桨频"指标成为皮划艇运动员专项技术能力典型的代表性指标。桨频指的是单位时间内的划桨次数,通常用每分钟划多少桨(桨/min)来表示。根据已有的研究成果,桨频与艇速为正相关关系,即桨频越高,艇速越高;但随着桨频的提高,每一桨的划距下降。运动员在划行过程中为了达到提高船速的目的,可以通过提高桨频和提高每桨力量、增大每桨的划距两种方式来达到,但是这两个因素不可能同时提高,这一点可以从运动员的速度训练中看出来,只有当运动员划出适合自己的桨频时,才会表现出自己的最好成绩。

目前对皮划艇奥运比赛项目全程竞速结构的划分,通常是依据人体运动时能量供应的特点,由于肌肉运动形式受人体能量供应的限制,在此基础上可将整个比赛距离划分为起航阶段、加速阶段、途中阶段与冲刺阶段。每个阶段对应着不同的比赛距离,例如王卫星将皮划艇500 m比赛距离的前25 m定义为起航阶段、将25～150 m定义为加速阶段、将150～420 m定义为途中阶段、将420～500 m定义为冲刺阶段。每个阶段划的速度与桨成正相关,在1000 m与200 m的比赛距离上也有着类似的研究。根据大多数优秀皮划艇选手在比赛中采用的竞速结构,通常采用的形式如图6-18、图6-19所示。

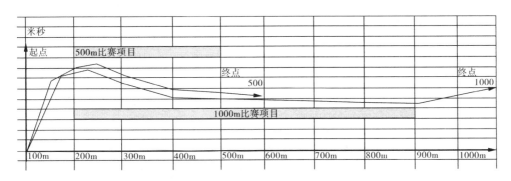

图6-18　1000 m与500 m比赛项目常用竞速结构

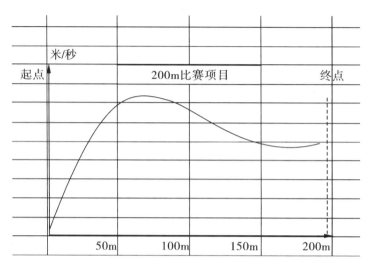

图6-19　200 m 比赛项目常用竞速结构

以广东皮划艇队划艇组几名健将级运动员在 2013 年的训练过程为例,对平时一次测试赛的桨频节奏与之后赴匈牙利参加皮划艇世界杯塞德勒站比赛过程中的桨频节奏进行对比,分析优秀皮划艇选手在模拟测试赛与实际比赛中的桨频节奏变化特点(表6-43至表6-46)。

表6-43　划艇选手 LWJ 200 m 划全程节奏

		50 m	100 m	150 m	200 m	成绩(s)
赛前测试	速度(m/s)	4.735	5.308	5.192	4.888	40.21
	桨频(桨/min)	78	74	73	69	
正式比赛	速度(m/s)	4.726	5.688	5.208	3.966	41.57
	桨频(桨/min)	81	77	75	72	

表6-44　划艇选手 LQ 1000 m 划全程节奏

		250 m	500 m	750 m	1000 m	成绩(s)
赛前测试	速度(m/s)	4.55	4.19	4.16	4.26	3:53.34
	桨频(桨/min)	48	46	45	46	
正式比赛	速度(m/s)	3.99	3.72	3.58	3.47	4:26.15
	桨频(桨/min)	48	46	45	44	

表6-45　划艇选手WRW 1000 m划全程节奏

		250 m	500 m	750 m	1000 m	成绩(s)
赛前测试	速度(m/s)	4.46	4.21	4.15	4.31	3:53.70
	桨频(桨/min)	53	52	50	49	
正式比赛	速度(m/s)	4.07	3.80	3.71	4.16	4:14.76
	桨频(桨/min)	55	51	50	49	

表6-46　C2 1000 m划全程节奏

		250 m	500 m	750 m	1000 m	成绩(s)
赛前测试	速度(m/s)	4.84	4.48	4.47	4.62	3:37.59
	桨频(桨/min)	53	52	49	51	
正式比赛	速度(m/s)	4.61	4.17	4.27	4.73	3:47.74
	桨频(桨/min)	54	52	48	52	

　　由上表可以看出,对于一名优秀的皮划艇运动员来说,在比赛中能够将自己正确的划桨节奏发挥出来,即能够在比赛各阶段中都能保持自己的最佳桨频,是取胜的关键因素。一般情况下,参加比赛的运动员特别是年轻运动员由于大赛经验不足或紧张等,在比赛中会不自主的提高桨频,以1000 m、500 m与200 m的桨数为例,当队员紧张时,由于肌肉的紧张,每桨的划幅,即入水点缩短,如果一桨缩短5公分,那么1000 m 300多桨会多出几米的距离,优秀运动员在比赛中无论起航、途中、加速还是冲刺阶段,总能最大程度地保持住自己的最佳桨频,而年轻队员往往在比赛中发挥不出自己的应有训练水平,很大一个原因就是紧张后节奏改变,各阶段的桨频混乱,造成无谓的能量消耗。表6-43至表6-46所显示的几名优秀划艇选手,在实际比赛中,各个阶段的桨频虽然都略高于模拟测试赛的桨频值,但误差很小,基本都是2~3桨的差值,且整个桨频节奏与模拟测试赛中所表现出的节奏曲线相一致,这说明了在比赛过程中对桨频的控制性与稳定性是优秀皮划艇运动员的重要速度特征。

　　通过对优秀选手在测试过程中的技术录像进行分析后可以得出,优秀划艇运动员在入水阶段肩、髋前伸幅度较大,桨入水速率快,入水后桨杆与上方手身体连线及拉桨臂呈一个大"A"字形效果明显。拉桨阶段桨叶保持垂直姿态时间较长,身体重心明显升起。回桨阶段的出桨动作速率快,锁髋与送髋动作明显,臀部后坐现象很小。无论是长距离还是短距离划艇选手,在整个划行过程中,动作协调,拉桨爆发力效果明显,空中阶段与水中阶段的时间比例、拉桨与回桨的速度比例节奏明显。长距离划艇选手在划行中动作幅度大,艇身重心波动小,艇身的左右转动、左右摆动及上下浮动幅度较小。而短距离选手由于桨频高、身体动作速率快,在艇身控制上没有长距离选手稳定性好;优秀皮艇运动员在入水阶段,肩臂伸展与身体转动幅度大,桨入水点远且与艇身较接近,入水速率快。相对于男皮选手,女皮选手在入水阶段的上身前倾角度小,重心略靠前。拉桨阶段皮划艇运动员全身用力效果明显,推桨过程中肩肘角度固定,拉桨速率快,整个拉桨路线中很少出现"S"形走势。回桨阶段男女皮艇优秀选手出桨速率都较快,艇身控制稳定性高。

(二)优秀皮划艇运动员战术类代表性指标的解析

通过专家对设计出的皮划艇运动员特征指标重要程度调查问卷表的评分,根据技能部分中指标的权重大小,代表着皮划艇运动员战术特征的"借浪与反借浪能力水平"指标成了皮划艇运动员专项战术能力典型的代表性指标。

在比赛中,采用何种战术,很大程度上在于对自己同组对手的了解。除了是否考虑借浪与反借浪问题外,如果对自己同组对手的个人特点与比赛节奏比较了解的话,可以采取相应的措施,最大程度上压制对手,在比赛过程中获得心理上的巨大优势。如对手是属于耐力型选手还是速度型选手、途中桨频的变化情况、加速能力及最后冲刺的速度与开始点,这些都可以为自己合理应用战术来以己之长、克敌之短发挥作用。

由流体力学的知识可知,在船身行进过程中,会在水面造成波浪,皮划艇运动员的艇在前进过程中,如果能够在前一条艇尾浪的峰前,可以节约一定的能量消耗。

为了确认在借浪过程中,借浪运动员的实际能量消耗,国外学者 Pérez-Landaluce 等对 8 名具有国际比赛专业水平的男子皮艇运动员进行了研究。在 2000 m 直道皮划艇静水比赛场地中,分别记录带划位置、左侧借浪位置、右侧借浪位置、中间借浪位置的时间、桨频、血乳酸值、心率、主观感受性值(RPE),在水上测试完毕后,让划不同位置的运动员在实验室内,在皮划艇测功仪上以同样的运动强度来进行练习,并在实验室内测量出运动员的心率、最大摄氧量水平、血乳酸、平均功率输出和主观感受性值。

从以上研究结果可以看出,不同的借浪位置可以节省男子皮艇运动员 18% ~31.9% 的能量消耗,如表 6-47 所示。

表 6-47　不同借浪位置运动员反应指标

位置	桨频（桨/min）	血乳酸（mmol/L）	心率（次/min）	主观强度感受(RPE)	平均功率输出	最大摄氧量(L/min)	能量消耗（%）
带划者(红艇)	93.7	4.2	172	15	190.3	3.78	100
左借浪者(红艇)	88.8	2.2	151~172	12.6	155.6	2.23~3.78	81.7
右借浪者(红艇)	88.8	2.0	151~172	12.6	155.6	2.23~3.78	81.7
中间借浪者(红艇)	87.6	1.5	151	9.7	129.5	2.23	68.1

当船在水面上移动时,在船的后面会有一个 V 形尾迹,这个尾迹的角度是 38°56′,称为经典 Kelvin 尾迹,Kelvin 尾迹波系由扩散波和横向波组成,在两条 Kelvin 臂上这两个波系相交,这里波浪起伏最为明显,由船行波波高公式可知,船行波远离船舶后,其散波和横波的波高都随之逐渐减小,船行波的参数取决于船舶的航速、船舶尺寸及外部条件(图 6-20)。

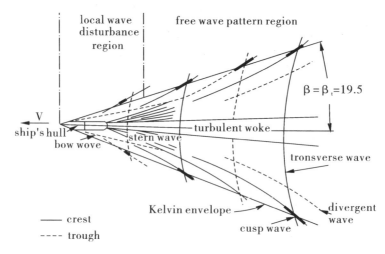

图 6-20　经典 Kelvin 尾迹图

按照竞速皮划艇比赛规则,运动员在比赛航行过程中,应尽可能地保持在其航道的中心线上划行,两名运动员之间距离不得小于 5 m。根据经典 Kelvin 尾迹夹角和余弦定理,我们可以大致计算出一条艇如果想在比赛中借相信艇只的浪,会有多少差距。可以看出,当两条艇都按照航道中心线航行时,与一条艇偏离航道,但不违反 5 m 规则时,如果想借相邻道艇只的浪,前后的差距(图 6-21)。

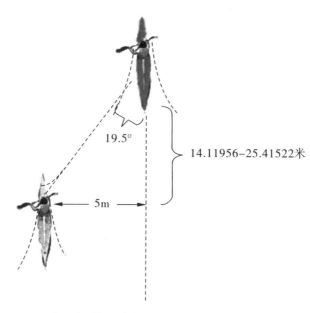

图 6-21　不违反皮划艇比赛航行规则情况下借浪者与带划者距离值

由此可推导出,当两条艇相距 9 m 时,两条艇的前后差距为:

前后差距=左右差距×cot α = 9×cot (19.5 度)

通过 Excel 公式运算为:9×1/TAN(α/180 * PI( )) = 25.415 22 m

当两条艇相距 5 m 时,两条艇的前后差距为 14.119 56 m。(表6-48)

表6-48　不同借浪左右间距前后艇之间距离值

左右差距	前后距计算公式	Excel 实现公式	前后距值
5 m	左右差距×cot α	5×1/TAN(19.5/180 * PI( ))	14.119 56 m
9 m	左右差距×cot α	9×1/TAN(19.5/180 * PI( ))	25.415 22 m

　　通过对多名具有健将以上运动等级水平的皮划艇运动员访谈可知,在正式比赛中,借浪与反借浪的现象比较常见,特别是在预赛及半决赛的过程当中,由于在预赛或半决赛时,如果参赛艇数较多,会有多个分组。按照皮划艇比赛的晋级规则,当参赛艇数在10~18 条时,预赛时的前三名可以直接进入决赛,4~7 名加一个最好成绩的艇都需参加半决赛;当参赛艇数在 19~27 条时,预赛时只有每组的第一名可以进入决赛,2~7 名都需参加半决赛;当参赛艇数大于 27 条时,凡是进入最后决赛的艇,都要划三场比赛(预赛、半决赛、决赛),这对于在比赛中有兼项的运动员,特别是长距离项目的运动员,在体能和心理上都是极大的考验,因此,如果能恰当地利用对手尾浪,节省自己的体力,将会为后续的比赛节省很大的体力,使队员能有充沛的体力在决赛时发挥出来。

　　在和国内优秀皮划艇选手的访谈中,了解到男皮长组的运动员对此能力较为重视,而划艇长组则多表示情况较为复杂,无论是划艇项目还是皮艇项目,如果想借邻近道艇只的尾浪,须对对方的实力较为清楚,且对方应为一名较优秀的选手,否则跟着最后一名选手的浪向前划行对比赛结果毫无意义;而划艇在划行过程中,由于身体重心较高,如果顺桨(即左桨选手借左侧道的尾浪,右桨选手借右侧道的尾浪)时,借邻近道艇只的浪相对容易些;一旦欲借浪的邻近道与自己的划桨方向不一致,则困难较大,如果对艇身控制感觉不好,或者技术不完善,则进入“吃浪”状态,这样整个艇身都会失去控制,几乎无法正常航行;皮艇男组虽然在划行过程中身体重心较低,且为双边划桨,平衡性较易掌握,但在实际过程中欲实行借浪战术时,一旦控制不好,也会进入“吃浪”状态。在短组运动员中,女子 500 m 的比赛赛段,也会有借浪与反借浪的现象出现,在 200 m 的赛段上,由于赛段较短,想要借浪并达到预先的比赛目的几乎不太可能。

　　实施借浪与反借浪战术最重要的一点,是实施此战术的运动员自身要有强大的实力,特别是有良好的速度,具备较好的冲刺能力,否则在最后阶段将无法超越对手,这对于在比赛中力争夺冠的运动员相当重要，特别是划艇长组项目，由于划艇项目的运动效率不高，如果力争夺取名次又想借浪，在 500 m 阶段就要有意识地开始发力，否则将没有时间超越对手，而一些特别优秀的运动员，则很少考虑借浪问题，从预赛开始就要力争第一，保持心理上的优势，且多具有良好的反借浪能力，在比赛中如遇到对手借自己的尾浪航行，常利用速度的突变来进行反借浪干扰对手。总体来讲，在压制对手、取得最佳成绩的总目标下，优秀皮划艇选手会根据对手情况与比赛的赛次与进程选择一些策略，这些策略有以限制对手正常发挥为目标的心理性战术与最大程度发挥自身能力的体能分配战术。由于皮划艇是以有氧耐力为主导的体能性项目，受项目特点的影响，优秀选手多采用体能分配战术。采用的原则是根据赛次与进程，以及受外界环境综合影响的场地特点，合理分配与利用体能，以在最后的决赛中占据优势赛道、发挥自己的最佳状态为目标。长距离优秀划艇选手利用不同的体能分配方案，以达到在决赛中占取有利赛道的意识更强。长距离项目中，选手多采用起航快速出发、中间匀速划行、最后阶段提高桨频与划桨力量冲刺的体能分配战术；短距离选手多采用快速出发，然后以最大能力划行，速度与桨频逐渐下降的体能分配战术。在比赛进程中，无论是长距离还是短距离选手，划桨的桨频控制能力较强，在比赛中具有良好的借浪与反借浪意识，但优秀选手一般以夺冠为目的，为了建立心理上的优势，在比赛场上很少采用借浪战术，因为采用这种战术后很难得到第一的位置。在最后的决赛中，无论是长距离选手还是短距离选手，都很少采用借浪战术（表6-49）。

表 6-49　优秀皮划艇运动员借浪与反借浪能力水平特征值

一级指标	二级指标	八级特征指标	项目组别	特征值
技能	专项战术	借浪与反借浪能力水平	划艇长组	可借浪，借浪距离可至 300 m 左右
			男皮长组	可借浪，借浪距离可达 500 m 左右
			划艇短组	高度困难
			男皮短组	高度困难
			女皮组	500 m 距离可借浪，难度较大 200 m 距离借浪难度非常大

（三）优秀皮划艇运动员心能类代表性指标的解析

通过专家对设计出的皮划艇运动员特征指标重要程度调查问卷表的评分，根据心能部分中指标的权重大小，代表着皮划艇运动员心理特征的"皮划艇专项训练自制性水平"指标成了皮划艇运动员心理能力典型的代表性指标。

与国外运动员相比，国内皮划艇运动员开始接触并从事此项目的时间较晚。一些条件较好的地方,皮划艇运动员开始训练的时间都是 13 岁左右,而较晚的地区,15 岁左右才开始从事皮划艇运动。而国外运动员 10 岁左右便开始了有目标、有计划的系统训练,在一些皮划艇运动为传统优势项目的国家中,如德国与匈牙利,少年选手从 7 岁左右便开始接触皮划艇,器材厂家为这个年龄段的少年专门有特制的器材,便于此运动的普及与开展。根据已有的研究,国外皮划艇运动员早于我国运动员 3~4 年参加专项训练,这种现象导致了在可持续发展方面我国运动员明显落后于国外运动员。按照德国皮划艇青少年训练大纲,16 岁阶段的运动员陆上训练与水上专项训练的比例大约与 1∶1,但我国运动员在这个阶段明显专项训练的比例大,这样做的后果虽然可以使运动员的专项成绩很快得到提高,但当运动员到达一定的水平阶段后,成绩便出现平台现象。这种现象产生的原因有:一方面,大量的专一性动作训练使运动员肌肉系统长期从事单一动作模式,因而出现肌肉之间的不平衡,导致中国皮划艇优秀运动员都有着相同的颈肩部、腰部与膝部等"皮划艇项目职业病",这种伤病使很多优秀的运动员不得不遗憾地提前离开训练场;另一方面,长期从事单一枯燥的耐力训练,使许多皮划艇老运动员对自己所从事的项目都出现了厌烦情绪,当拿到相应的成绩,得到一定的物质与精神奖励后,运动员很容易丧失从事此项目的兴趣。

根据对广东 27 名健将以上水平运动员的家庭情况调查可知,只有 9 名队员家庭情况较好,其他队员都是来自经济条件一般或较差的家庭,他们从事此项目的直接动力都是物质利益,是为了自己或家人生活水平的提高,因此,国内优秀皮划艇运动员便出现了虽然已从事此项目多年,但却没有兴趣的现象,这也是大部分教练员选择这项指标的原因,因为都希望运动员本身能有兴趣积极主动地去训练,实现"要我练"到"我要练"的飞跃,但从目前情况来看,在整个竞赛体制安排的压力下,很难做到让运动员疲劳与休息交替结合,始终保持兴趣进行长期的皮划艇专项训练,因此,在现阶段,训练中自制性水平高低便成了优秀皮划艇运动员的重要心理特征,因为这是保证运动员系统长期训练最重要的主体指标。

除了在训练中具有良好的自制力水平外,优秀皮划艇选手在训练和生活中还表现出坚定的意志力品质。当在生活中遇到困难与挫折,如在比赛中成绩发挥不理想时,优秀选手不会给自己的失败找借口,将失败原因归结到外部条件上,而是能够从自身找问题,通过发挥主观能动性来寻找解决问题的方法。此外,优秀选手还善于利用外界力量,例如聆听教练的指导或队友的意见,帮助自己找到解决问题的最佳途径。从运动员的个性心理上来看,优秀选手以外向型性格队员居多,在短距离项目上,会有外向型、较有激情的选手出现。

(四)优秀皮划艇运动员智能类代表性指标的解析

通过专家对设计出的皮划艇运动员特征指标重要程度调查问卷表的评分,根据心能部分中指标的权重大小,代表着皮划艇运动员智力特征的"划桨空间知觉水平"指标成为了皮划艇运动员智力能力典型的代表性指标。划桨空间知觉水平,是指皮划艇运动员在水上划行过程中,对自身所在空间、自身周围空间中各事物之间关系的感知能力。受皮划艇项目特征的制约,优秀皮划艇选手的智力水平在专项中的体现,主要是指皮划艇选手的空间智力水平,即运动员对空间方位的感知能力。皮划艇是在公开水域进行的比赛项目,比赛过程中受场地水质密度、水流速、水流向、风速、风向、温度、水温、水深等诸多因素的影响。此外,在比赛进程中,还受到对手划桨情况的影响。

作为一名优秀的皮划艇运动员,在比赛过程中对自己周边空间环境状况的判断能力,是运动员决定采取何种战术的前提。除此之外,良好的空间知觉水平还必须结合对比赛规则的熟悉,这样才是取得好成绩的重要保证。因为运动员对比赛规则的充分熟悉,不仅让运动员可以做充分的赛前准备,也可以使运动员在赛前或赛中出现意外情况时,能够利用规则最大化降低风险。皮划艇的基本比赛比较简单,即在尽可能短的时间内通过一段标志清楚而无障碍的航道。但由于皮划艇比赛是在公开水域进行,属于开放性的比赛项目,比赛的成绩受场地水质(海水或淡水)、风向、风速、温度、水温、水深等诸多因素的影响,特别是场地风浪的情况,对于某些项目例如划艇的长距离组可以说是具有决定性的影响。根据调查,无论是男女优秀皮划艇选手,对外界自然环境的认知能力都较强,都具有良好的空间感知水平。能够根据外界环境的变化,及时调整比赛策略,利用自身特点与外界环境对比赛带来的变数,最大程度发挥出自己的优势,同时制约对手的发挥。

以划艇长组的比赛为例,当航道上的风向与桨手的划桨方向相对时,运动员可以得到"乘风"效果,即省去一部分维持艇身平衡的力,可以将更多的力放在前行的方向上;而一旦比赛时的风向与桨手的划桨方向相一致,运动员将要花出很多的体力维持艇身的平衡。以皮艇项目 1000 m 的比赛为例,当比赛中风速超过 3 m/s 时,比赛中的成绩会有二十秒以上的差距,如果自己的主要对手与自己的划桨方向正好相反,那么,在比赛中,能否得到适合自己的风向,将对比赛的最后结果产生决定性的作用。即使是受风向影响较小的皮艇运动,场地的情况也会对比赛的结果产生重要影响。因为当场地上的风向不是正顺风或正顶风,即当风从一侧吹来时,场地上的风浪会越来越大,而风吹来方向的最近一道相对情况较好。例如,当比赛场地上的风向是从 1 道吹向 8 道,那么 1 道的情况将会好些,而 7 道和 8 道将会产生较大的风浪,运动员如果不走运被分在了这两条航道上,很难出现令人满意的成绩。而在皮划艇晋级比赛规则中,下一轮的比赛道次是由上一轮的比赛成绩所决定,例如,当比赛艇只为18条以内时,预赛第1组的第1名为5道,预赛第1组的第2名为3道,预赛第1组的第3名为7道;而预赛第2组的第1名为4道,预赛第2组的第2名为6道,预赛第2组的第3名为2道;未能直接进入决赛,而是通过半决赛进入决赛的三条艇,分别是第1名8道,第2名1道,第3名9道。当运动员进入比赛场地后,观察到场地上的风向基本上固定不变时,一些有经验和实力的运动员便开始考虑利用战术,在最终的决赛中获得好的道次,这种做法较为冒险,但如果成功的话会收到令人满意的结果。在对队员的调查中,多数队员特别是国际健将级别的优秀队员表示不会运用此战术,但小部分队员特别是划艇队员表示会考虑选择使用此战术。

根据对广东27名健将以上水平运动员的访谈调查可知,所有运动员都表示在比赛中会根据对手的情况来调整自己的划桨节奏,大部分运动员都表示能感知到自己邻近道次运动员的情况,但比赛经验更多的健将级选手表示,会在比赛中注意到更远道次对手的情况。当比赛开始后,根据不同的比赛距离选择战术是运动员合理分配体能的重要条件,选手在对比赛距离的判断上如果不清楚,在比赛中过早加速或减速,会打乱适宜自己体能水平的比赛结构,造成划桨节奏的混乱,导致不必要的能量消耗。在最后的冲刺过程中,大部分运动员都表示可以根据终点标志物来决定自己进入最后冲刺阶段的时机,个别选手特别是短距离选手表示,在比赛中没有根据不同的距离标志物,而是靠"拼"和感觉划完全程。在两名实力相当选手的最后冲刺中,离终点最后几米范围内常常会运用到"tiger jump"的蹬艇冲刺技术,这种技术会造成艇的瞬时间加速现象,但加速后会使艇进入到相对停滞状态,选手采用这种技术时,如果时机选择不好,会破坏冲刺技术的连续性,在没到终点线前即减速,根据对广东队优秀皮划艇选手的调查,部分年轻队员曾在比赛或训练中没有把握好运用此技术的时机,而训练时间较长的优秀选手则表示已能充分掌握运用的正确时机,不会发生早蹬的现象。

三、优秀皮划艇运动员竞技能力代表性指标的综合模型

在经过两轮的数理统计与优化筛选后,将最早得到的253项代表优秀皮划艇运动员竞技能力特征的指标,凝练为12项具有代表性的主因素特征指标。在这12项代表性指标筛选出来后,按照其所代表的功能因子,对皮划艇运动员的竞技能力特征进行统一解释。为了更好地说明优秀皮划艇运动员竞技能力特征的结构特征,将这12个竞技能力特征主因素元素(代表性指标)看作一个整体重新进行权重计算,将皮划艇运动员竞技能力所需要的功能以圆环图的形式直观地表示出来,每种功能指标在圆环图中所占的比例

是以德尔斐法进行计算后,按每项功能因子所占的权重比例进行划分。如图6-22所示。

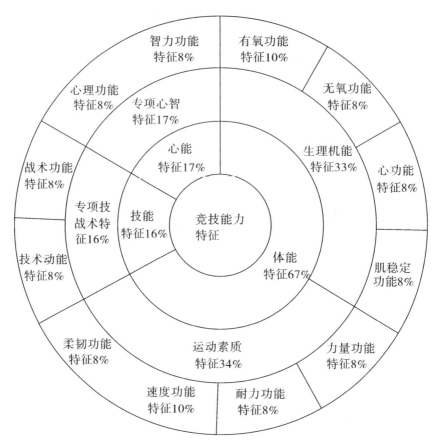

图6-22 优秀皮划艇运动员竞技能力特征模型结构图

在训练实践过程中,不同项目的运动员由于所从事项目特征不同、同时年龄阶段与训练水平也在不断地发展与变化,使得单个优秀运动员所表现出的竞技能力特征结构会存在着动态的、不断变化的特点。但把某一项目达到优秀水平的运动员作为一个整体来看,他们所表现出的竞技能力结构中又有着许多共同的特征,通过对凝练出的优秀皮划艇运动员竞技能力的主导因素特征值的描述总结,得到的结论就是这些特征的具体体现。建立优秀皮划艇运动员竞技能力的综合模型,可以科学、系统地概括并描述这些共同特征,为运动员确定竞技能力训练目标提供目标的特征参照系,同时,也对教练员的训练方向及控制方面提供特征参考系。本书以在广东省训练的国内优秀皮划艇运动员为研究对象,以总结出的皮划艇运动员竞技能力主导因素指标系对其进行分析研究,通过理论研究与现场测试得出综合特征模型的指标模型值,建立定量与定性相结合的优秀皮划艇运动员竞技能力综合特征模型(表6-50)。

表6-50 皮划艇运动员竞技能力特征综合模型

类别	代表性指标	模型特征（值）描述				
		男皮		划艇		女皮
		长组	短组	长组	短组	
形态机能	（水上250 m专项测试）4 mmol/L 乳酸阈（AT4）值	60.54±2.28（s）在一个四年全运周期中，第一年中水平最高，第二年最低，第三年有提高，第四年略有下降；年度乳酸阈次最好值常出现在二至四月份，即冬训期间，且曲线形状多为3、4；最好值常出现在七、八月份，即夏训练阶段，且曲线形状多为5、6、7；最差值常出现在五月份，即刚参加完春季冠军赛之后	60.20±2.23（s）（乳酸阈曲线特征同男皮长组）	65.66±0.44（s）（乳酸阈曲线特征同男皮长组）	68.07±1.20（s）（乳酸阈曲线特征同男皮长组）	65.33±2.10（s）（乳酸阈曲线特征同男皮长组）
	30 s 最大强度划船运动后血乳酸值		＞ 6 mmol/L		＞ 6 mmol/L	
	最大心率	与运动员年龄成正相关，优秀选手在青年阶段已达到自己最佳状态				
	划行中身体平衡控制能力性	与专项成绩成正相关，优秀选手划行过程中身体稳定性强				

续表6-50

类别	代表性指标	模型特征(值)描述				
		男皮		划艇		女皮
		长组	短组	长组	短组	
运动素质	(专项)途中阶段桨下最大力值	25 kg左右,两侧用力较为均衡,且桨下力量保持能力较强		25～30 kg桨下力量保持能力强		20～25 kg(用力特征同男皮)
	(专项)1000 m划时间	1000 m平均成绩4分36秒20±11秒90;大部分最好成绩出现在周期第三年;年度最好成绩大都出现在6到8月份,少数年轻队员出现在冬训期间		1000 m平均成绩4分59秒34±6秒61;大部分最好成绩出现在周期第三年;年度最好成绩都是在1到3月或是6到8月间		1000 m平均成绩4分59秒47±6秒78;周期最好成绩出现趋势不明显,年度最好成绩的月份在1到3月或6到8月间
	途中阶段艇行进平均速度值	平均速度值高且速度稳定				
	(专项)划桨动作动态四肢伸展度	与年轻队员相比较,优秀队员FMS测试得分相对较低,基本在18分以下。而年轻队员分数则在18～20分之间				
专项技术	起航、加速、途中、冲刺阶段桨频	桨频的控制性与稳定性较强,在比赛中能保持自己的合理划桨节奏				
专项战术	借浪与反借浪能力水平	可借浪,借浪距离可达500 m左右	高度困难	可借浪,借浪距离可至300 m左右	高度困难	500 m距离可借浪,难度较大 200 m距离借浪难度非常大

续表 6–50

类别	代表性指标	模型特征（值）描述				
		男皮		划艇		女皮
		长组	短组	长组	短组	
专项心智	皮划艇专项训练自制性水平	自觉从事训练程度度高,能够主动克服专项训练过程中的心理与生理疲劳				
	划桨空间知觉水平	对场地、对手、比赛进程的情况变化感觉较为敏锐,可主动采取相应战术				

第七章
个性化训练模式的构建与应用分析

训练实践中,教练员设计、组织与实施整个训练过程,既具有科学性、又带有强烈的主观能动性。科学性是指教练员在进行训练决策时,必须遵从一定的人体科学规律,并通过理性客观的问题分析方法,以现实数据为基础做出研判;主观能动性是指无论何种训练目的,训练对象都是具有高度复杂性的人体系统,在每次训练决策中,教练员除了分析客观测试数据外,还要根据自身的知识经验,根据训练主体对不同训练负荷、训练方法及内容所表现出的个体差异性灵活地进行调整。笔者在长期从事皮划艇静水项目的训练管理过程中,观察到不同训练类型的皮划艇运动员在接受一个高度相似的训练过程后,常表现出不同的训练适应性,如某些队员对持续性的有氧耐力训练适应性较好,还有些队员在接受无氧供能为主的力量训练后,训练水平提高更为显著。为有效提高训练效果,根据不同队员的适应性特征制定个性化的训练方案,一直是训练管理人员所努力探寻的有效训练途径;对于这一实践性极高的问题,国内相关研究多从个性化训练的理论合理性、影响因素及根据生理学指标的变化来说明不同运动员的适宜训练负荷等方面进行论述,少有基于训练内容与专项水平之间的分析,据此现状,本书在提出优秀皮划艇运动员竞技能力特征的概念模型后,构建出具有层次性与结构性的评价指标体系,经过筛选后,将具有优秀皮划艇运动员显著代表性的指标组成新的主因素分析模型,以国际健将级皮划艇运动员 LQ 为研究对象,利用 SIMCA-P 软件中提供的偏最小二乘法回归分析功能,对其多个训练测试指标与不同专项指标之间的关系进行量化分析,从而构建出优秀运动员的个性化训练模式。

一、个性化训练模式指标数据的获取

根据构建的主因素评价模型中所需指标进行系统性数据收集,2008 年 11 月到 2009 年 4 月,研究对象 LQ 在广东队训练计划的进度要求下,共进行了 6 次标准化测试。所谓标准化测试,即在每个阶段(板块)训练结束后(时间约为4~6周),在最后一周的周四开始测试,按照标准化程序,如无天气变化等意外情况,周四上午为250m递增强度乳酸阈测试、最大力量(卧拉、卧推,按照举重比赛规则,每人三次要重量机会进行)与力量耐力测试(2分钟50kg卧拉、1分钟60kg卧推测试);周四下午为5000m跑步测试;周五上午为12 000m测试(采用单个出发、出发间隔1分钟方式进行,出发顺序按照教练员根据最近一段时间训练中长距离划的表现,状态较好的首先出发);周五下午为2000m测试(采用单个出发、出发间隔1分钟方式进行,出发顺序按照上午12 000m划的成绩排名,成绩好的首先出发);周六上午为1000m测试(采用分组方式,分组规则按照2000m测试赛成绩,分道规则参照2006年皮划艇竞赛规则);周六下午为500m测试。在收集数据的过程中,每次都要按照相同的程序与步骤,将数据采集时的内外部条件等影响因素尽可能详细记录下来,从而保证所收集的数据具有可对比性与可分析性,见表7-1。

表7-1　本研究模型Ⅱ中测试指标的内容及测试方法

编号	角色	特征指标	单位	测试方法
X1	自变量	体重	kg	空腹晨重
X2	自变量	血色素	g/L	测试周周一早晨采血测试
X3	自变量	250m	s	采用分组出发形式
X4	自变量	乳酸阈值	s	采用分组出发形式
X5	自变量	最大力量卧拉	kg	采用举重比赛规则,每人三次要重量机会,取最好成绩
X6	自变量	最大力量卧推	kg	采用举重比赛规则,每人三次要重量机会,取最好成绩
X7	自变量	力量耐力卧拉	次	采用重量50kg杠铃,测试时间为2分钟
X8	自变量	力量耐力卧推	次	采用重量60kg杠铃,测试时间为1分钟
X9	自变量	跑步5000m	s	在标准田径场测试
X10	自变量	12 000m单人艇划	s	采用单个出发形式,间隔1分钟
X11	自变量	2000m单人艇划	s	采用单个出发形式,间隔2分钟
Y1	因变量	500m单人艇划	s	采用分组出发形式
Y2	因变量	1000m单人艇划	s	采用分组出发形式

二、个性化训练模式的构建与分析

在模型所需数据收集完毕后,本研究对收集的数据资料进行数理分析和统计方面的处理,所使用的统计方法主要为偏最小二乘法,偏最小二乘法是一种多因变量对多自变量的回归建模方法,它采用对自变量 X 和因变量 Y 都进行分解的方法,从变量 X 和 Y 中同时提取成分(通常称为因子),再将因子按照它们之间的相关性从大到小排列,偏最小二乘回归的主要目的是建立一个线性模型:$Y=XB+E$,其中 Y 是具有 m 个变量、n 个样本点的响应矩阵,X 是具有 p 个变量、n 个样本点的预测矩阵;利用该方法在多元相关分析中的优点,从已汇总的运动员阶段测试数据中,总结出运动员个体竞技表现与训练指标之间的规律,从中揭示出隐含、并有潜在价值的信息,从而为运动员的训练调控提供科学依据。

(一)回归预测模型变量的确定

在构建优秀皮划艇运动员个性化训练模式的过程中,利用偏最小二乘回归预测模型,对运动员的专项成绩与专项影响因素指标之间的关系进行分析,以确定运动员属于何种能力驱动类型,即该运动员的何种能力较为突出,且该能力与其竞技表现的变化高度相关。在本书的案例中,由于该周期 LQ 将参加 500m 与 1000m 两个距离项目的比赛,平时对于运动员一般能力或专项能力的训练效果都会同时作用在这两个距离的项目上,因此笔者采用 500m 与 1000m 的专项成绩作为因变量,由此在本研究中因变量有两个(即 q=2),即在本书中的模型是一个具有两个因变量的偏最小二乘回归模型。

(二)回归模型的相关性检验

以运动员 LQ 的测试数据为例,通过计算,得到 11 个自变量和 2 个因变量之间的相关系数,从表 7-2 中可以看出,本研究所选取的模型因素中,自变量之间存在高度的多重相关性。

表 7-2　自变量及因变量的相关系数

	X1	X2	X3	X4	X5	X6	X7	X8	X9	X10	X11	Y1	Y2
X1	1	0.081	0.521	-0.382	0.697	-0.697	0.419	-0.476	-0.766	0.026	0.439	0.656	0.533
X2		1	0.079	0.071	0.271	-0.271	0.594	0.188	0.390	0.241	0.037	-0.054	0.328
X3			1	0.535	-0.210	0.210	0.083	0.204	-0.190	0.052	0.980	-0.073	0.149
X4				1	-0.849	0.849	-0.412	0.491	0.617	0.197	0.533	-0.785	-0.207
X5					1	-1.000	0.576	-0.598	-0.612	0.001	-0.282	0.792	0.512
X6						1	-0.576	0.598	0.612	-0.001	0.282	-0.792	-0.512
X7							1	0.295	-0.380	-0.510	0.136	0.694	-0.099
X8								1	0.321	-0.561	0.363	-0.209	-0.764
X9									1	0.472	-0.200	-0.885	-0.019
X10										1	-0.097	-0.575	0.831
X11											1	-0.048	-0.017
Y1												1	-0.038
Y2													1

（三）模型建立

以运动员 LQ 的测试数据为分析对象,利用 SIMCA-P14.1(DEMO)分析软件所特有的偏最小二乘回归功能建立理论模型。首先计算对因变量 Y1、Y2 的交叉有效性,R2X 表示成分 th 的交叉有效性,R2X(cum)表示使用 m 个提取成分 t1,t2,…,tm 建模的累计交叉有效性。从表 7-3 可以看出,对于因变量 500m 单人艇划,提取到第 3 个成分时,R2 =0.9935,与提取第 2 个成分 R2 值相比无显著变化;对于因变量 1000m 单人艇划,提取到第 3 个成分时,R2 =0.9854,与提取第 2 个成分 R2 值相比还有所减弱,因此提取两个成分后已达到满意的精度,故在本模型中对于因变量 Y1、Y2 提取 2 个偏最小二乘成分即可(表 7-3)。

表 7-3　对因变量 Y 的交叉有效性

变量名	成份数量	R2X	R2X(cum)	Q2X	Q2X limit	Q2X(cum)
总量	1	0.4824	0.4824	0.1891	0.05	0.1891
	2	0.4992	0.9815	0.6978	0.05	0.7549
	3	0.0079	0.9894	0.1033	0.05	0.7802
500m 单人艇划	1	0.8072	0.8072	0.4852	0.05	0.4852
	2	0.1862	0.9933	0.7003	0.05	0.8457
	3	0.0002	0.9935	−0.5562	0.05	0.8303
1000m 单人艇划	1	0.1575	0.1575	−0.1071	0.05	−0.1000
	2	0.8122	0.9698	0.6972	0.05	0.6669
	3	0.0156	0.9854	0.2494	0.05	0.7500

R2X:每个成分对应的解释率

R2X(cum):在第 N 个成分时的累积解释率

Q2X:每个成分对应的预测能力

Q2X Limit:对应主成分的 Q2 不显著时的临界值

Q2x(cum):整体模型的预测能力

（四）模型精度分析

为能够直观反映回归模型拟合的效果,通过图 7-1,显示了在本模型中提取 2 个主成分对输出变量 Y 的累积解释能力 R2X(cum)和累计交叉有效性 Q2x(cum)。从图 7-1 中可以看出,2 个主成分的累计解释能力几乎达到了 1(实际 R2X(cum) = 0.9815),已经达到非常高的精度,说明上面建立的预测模型拟合程度非常好。

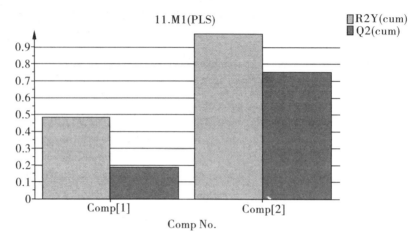

图 7-1　模型拟合结果图

利用 simca-p 软件的模型预测功能对 LQ 从 2012 年至 2013 年所进行的 6 次标准化测试的两个专项成绩进行预测,得到的预测值和相对误差结果见表 7-4。表 7-4 表明本模型的预测值的平均相对误差都在 0.01 以下,且所有测试的预测值相对误差都很小,证明预测精度检验的结果十分乐观,建立的预测模型具有很强的可操作性。

表 7-4　预测精度检验表

测试号	500m 单人艇划(实测)	500m 单人艇划(预测)	预测相对误差[%]	1000m 单人艇划(实测)	1000m 单人艇划(预测)	预测相对误差[%]	平均误差值[%]
1	107.22	107.357	2.793 24	237.56	238.825	0.599 269	0.449 343
2	109.52	109.246	1.419 34	241.85	240.216	0.402 685	0.174 724
3	111.11	111.281	−1.499 89	259.52	258.618	2.114 04	0.928 173
4	114.48	114.154	−2.079 06	239.89	242.994	−0.203 252	0.680 131
5	114.93	115.169	−2.048 73	236.59	234.72	−1.335 11	0.441 083
6	111.04	111.092	1.415 09	225.82	225.858	−1.577 63	0.525 015

(五)自变量与因变量的相关关系分析

在偏最小二乘回归中,可以通过 t_h 和 u_h 的线性关系来判断自变量与因变量之间的关系。从图 7-2 可以看出,LQ 每次测试的专项成绩与解释变量间存在明显的线性关系,说明建立操作成本与解释变量的线性回归模型是合理的。

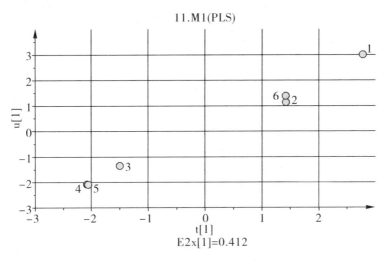

图 7-2　t[1]/u[1] 平面图

（六）自变量在解释因变量时的重要性

自变量在解释因变量时的重要性可以通过 VIP$_j$ 值来反映。表 7-5 是以运动员 LQ 的专项成绩 500m 单人艇和 1000m 单人艇时间为因变量，求专项能力指标为自变量的各个因素 VIP$_j$ 值。由表 7-5 可以看出，当以 500m 单人艇时间为因变量时，有 5 项指标值在 1 以上（最大力量卧拉、最大力量卧推、跑步 5000m、体重、乳酸阈值）；以 1000m 单人艇时间为因变量时，其中 5 个变量的重要性指标值均超过 1（12 000m 单人艇划、力量耐力卧推、跑步、最大力量卧拉、最大力量卧推）。整体上看，运动员 LQ 在 500m 专项上最大力量能力对其成绩的影响性较大，在 1000m 专项上则水上基础有氧耐力与力量耐力水平对其影响较大，这是在对该运动员制订个性化训练方案时所应着重考虑的因素。

表 7-5　VIPj 值

因变量		自变量 1	自变量 2	自变量 3	自变量 4	自变量 5	自变量 6
500m	变量名	最大力量卧拉（kg）	最大力量卧推（kg）	跑步 5000m（s）	体重（kg）	乳酸阈值（s）	力量耐力卧拉（次）
	VIP[j]	1.478 85	1.478 85	1.298 52	1.295 75	1.273 21	0.945 103
1000m	变量名	12 000m 单人艇划（s）	力量耐力卧推（次）	跑步 5km（s）	最大力量卧拉（kg）	最大力量卧推（kg）	体重（kg）
	VIP[j]	1.735 62	1.203 36	1.086 41	1.068 27	1.068 27	0.986 339

续表7-5

因变量	自变量1	自变量2	自变量3	自变量4	自变量5	自变量6
	自变量7	自变量8	自变量9	自变量10	自变量11	
	力量耐力卧推（次）	12 000m 单人艇划（s）	血色素（g/L）	2000m 单人艇划（s）	250m（s）	
	0.794 701	0.301 697	0.132 339	0.080 042 3	0.010 262 3	
	力量耐力卧拉（次）	乳酸阈值（s）	血色素（g/L）	250m（s）	2000m 单人艇划（s）	
	0.924 092	0.919 354	0.567 019	0.283 148	0.056 167 1	

图7-3 与图7-4 是在标准化数据下的回归方程对应自变量的回归系数直方图,它直观地反映了各自变量指标对两个因变量的边际贡献。从图7-3 与图7-4 中可以看出,对于 LQ 而言,两个距离上的专项成绩表现,分别依靠于运动员最大力量水平与耐力水平的支撑,这些能力的提高对运动员的专项成绩起正向作用;而对于500m 单人艇成绩来讲,运动员在2000m 和250m 距离上的表现却影响甚微;对于1000m 单人艇成绩,2000m 距离上表现也是相关性较小。

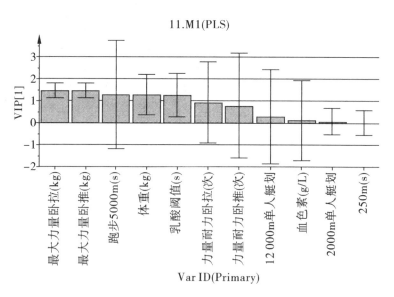

图7-3 因变量为500m 单人艇时的回归系数直方图

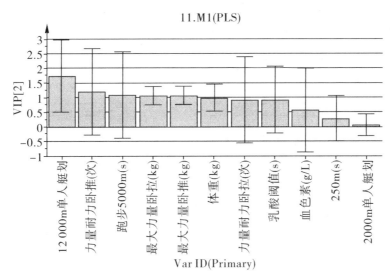

图 7-4　因变量为 1000m 单人艇时的回归系数直方图

通过对模型的分析评价,可见采用偏最小二乘回归方法来进行运动员专项成绩的预测建模,能够很好地解决自变量之间的多重共线性问题,建立的模型具备较强的预测能力。

三、优秀皮划艇运动员竞技能力特征模型的总结

(1)在体能方面,优秀皮划艇运动员都具有良好的有氧水平。无论是划艇还是皮艇项目,长距离选手与短距离选手的乳酸阈并无明显差异;优秀皮划艇选手均具有良好的身体平衡与乳酸能动员能力;最大强度划状态下,优秀运动员能够持续保持桨下力量效果,皮艇选手左右划桨用力较为均衡;血乳酸水平控制在 2.5 ~ 4mmol/L 内的长距离划中,划艇与女子皮艇优秀选手的成绩较为接近,与男子皮艇优秀选手的差距每公里约有23 秒左右;优秀皮划艇选手在划行过程中都能始终保持较高的速度;测试表明我国优秀选手 FMS 得分较低,这也许是我国选手长期进行专项训练且手段单一导致的结果。

(2)在技能方面,优秀皮划艇运动员在单人艇技术方面都表现出入水环节前伸幅度大、拉桨阶段拉桨功率大、出水瞬间提桨速度快、回桨阶段动作协调放松的特征;长距离优秀选手在全程划行过程中艇身动态稳定、运动节奏流畅、全程分段速度差异较小;短距离优秀选手在全程划行过程中艇身变化较大、全程速度相对一致;个人配艇技术转换速度较快、水中划桨应变技巧多样。优秀皮划艇选手善于根据不同比赛对手、比赛轮次、比赛环境、比赛级别的特点,分别采用体力分配、全程跟随、实时领先、邻道借浪等不同的比

赛战术。应该说，这些技能特征正是优秀皮划艇运动员鲜明的专项特征。

（3）在心能方面，首先，由于皮划艇项目具有周期性、耐力性、自然性特点且训练或比赛环境相对恶劣，因此优秀的运动员必须具备吃苦耐劳、顽强拼搏的意志品质；其次，由于皮划艇比赛通常是在不同的水质、水流、水深的环境下进行，因此优秀的运动员必须具有敏感的识水能力、水感能力和思维应变能力；再次，由于皮划艇的比赛环境深受自然环境的影响，比赛场所多为视觉宽域的水面，因此优秀的运动员通常需要具备较为敏锐的观察能力和良好的空间感知能力；最后，由于皮划艇项目的运动技术形态与现代人类社会的活动方式完全不同，因此优秀的运动员需要具有良好的想象力和思维力。

（4）本书建立的竞技能力特征模型，是由体能、技能、心能三个一级层次要素组成。其中，体能是由形态、机能、素质三个二级层次要素组成；技能是由技术与战术两个二级层次要素组成。按此思路设计了共有253项八级层次的初级要素体系。经过两轮专家访谈与统计分析，筛选出12项反映竞技能力特征的代表性要素，即4 mmol/L乳酸阈值、身体平衡能力、30秒最大强度运动后血乳酸值、最大心率、途中阶段桨下最大力值、12 000m时间、途中划平均速度值、划桨动作伸展度、起航+加速+途中+冲刺阶段桨频、借浪与反借浪能力水平、专项训练自制性水平、划桨空间知觉水平。

四、个性化训练模式的总结

（1）在本研究的个体案例中，训练个体LQ的主管教练在日常训练过程中根据观察和经验，已感知到该队员的专项表现水平与专项能力指标之间存在着高度的相关性，而通过偏最小二乘回归方法建立的LQ个性化训练专项成绩预测模型，其解释变量对因变量的解释能力达到了0.981 5，且将实际数据代入预测模型得到的预测值的平均误差仅为0.01以下，预测精度较高，表明偏最小二乘回归方法能够很好地解决自变量之间的多重相关性问题。从本研究模型中得出的结论，即LQ的500m专项成绩受其最大力量水平的制约，1000m专项成绩则与其水上基础有氧耐力与力量耐力水平相关度高，该结论对LQ的平时训练特别是赛前训练的组织安排具有重要指导意义，因此采用基于偏最小二乘回归来构建运动员的个性化训练方案不失为一种好的训练策略。

（2）竞技体育工作实践中，从事一线训练工作的教练员对训练主体的未来发展趋势与调控具有直觉性判断，教练员执教水平的高低可看作是教练员判断运动员现实状态与未来发展趋势的直觉（经验）能力的强弱；理论工作者则努力使这种直觉经验抽象化、理论化，即这种经验如何去描述，这种直觉是否可以量化，如果不能从理论上对这种直觉做出合理解释，那么对训练过程的科学干预就无法实现。遵循训练主体在不同时期所表现出的专项成绩和专项能力水平这些现实"证据",利用科学方法总结归纳出满足训练对象需求的个性化训练模式,对于把握不同类型训练主体的能力发展规律,有效把握训练过程要素之间相互关系等重要问题提供全新的思维方法。

(3)个性化训练是高质量训练管理工作的重要特征,本研究中采用的构建路径,即个性化训练的理论依据分析——建立影响专项成绩的训练指标体系——通过专家论证实现指标数据的筛选与降维——以专项和筛选出的测试指标为参照,对运动员进行全面测试与信息的收集——采用偏最小二乘回归方法对影响运动员不同专项和相应训练能力指标的关系做出科学诊断——以此为基础,建立运动员的个性化训练控制模式。整个模式构建路径提高了训练的科学化水平,有利于克服训练的主观盲目性,增强针对性,实现最佳的训练效果。

五、讨论与建议

(1)在发展皮划艇运动员竞技能力体能各个因素的过程中,要注意不同因素生物学层面上的相互影响、互为作用的关系。例如在对优秀皮划艇运动员柔韧因素的研究过程中,发现制约优秀皮划艇运动员柔韧能力的不是肌肉的伸展性,而是身体主动肌与拮抗肌之间的平衡性,因而在发展优秀选手的柔韧素质过程中,要将改善运动员身体力量的均衡性练习作为主要手段。在体能其它因素的发展过程中,也有类似现象,都需要引起广大皮划艇训练工作者的注意。

(2)有氧能力对皮划艇项目中的 1000m 和 500m 项目运动员具有重要影响作用。200 m 项目运动员虽然从能量供应上,有氧能力影响因素相对较小,但短距离选手高度的无氧耐力水平与技术稳定性也需要较好的有氧训练作为基础。本书研究得出,乳酸阈值是一项重要的有氧能力评价指标,且长距离选手与短距离选手的乳酸阈并无明显差异,因此建议在皮划艇实践训练过程中,无论是长距离项目还是短距离项目选手,都应将乳酸阈值作为阶段性的训练评价与测试指标。

(3)相对于一般水平的运动员,心能对达到优秀水平的运动员整体竞技能力的作用与影响力显得更为重要。但在目前有关皮划艇运动员竞技能力的理论研究成果中,对优秀选手心能方面的研究成果相对于体能与技能方面来讲,研究对象与深度都十分有限。建议在今后对皮划艇优秀选手竞技能力特征的研究过程中,应多加强运动员心能特征方面的研究,力争建立适合皮划艇专项的监控指标与量化评价体系,系统地对运动员的心能水平进行监测与评估。

(4)以皮划艇项目为例,通过对其优秀运动员竞技能力特征构建的综合模型可以看出,训练综合模型的构建只是该项目运动员一般规律及特征的反映,与具体的实践应用仍有较大距离;由于不同水平的训练主体在能力适应与发展特征上都存在着显著的个体差异,且这种差异具有动态性与非衡性特点,因此在具体应用层次中以综合模型为基础构建个性化训练模式将是反映运动员个体动态差异性特征,将理论运用到实践、提高训练科学化程度的有效途径。

参考文献

[1]曹景伟.面向2008年奥运会我国优秀皮划艇运动员科学选材的理论与实证研究[D].北京:北京体育大学,2004.

[2]朱伟.我国优秀皮划艇(静水)运动员训练过程监控系统的研究[D].北京:北京体育大学,2008.

[3]马祖长.皮划艇运动生物力学信息获取与评价指标体系研究[D].北京:中国科学技术大学,2007.

[4]郭建伟."特征模型"在开发利用体育信息资源中的作用[J].成都体育学院学报,2007(4):37-39.

[5]田麦久,刘大庆,熊焰.竞技能力结构理论的发展与"双子模型"的建立[J].体育科学,2007,27(7):3-6.

[6]陶江,李娟,马时忍.400 m跑优秀运动员数学模型的建立及应用[J].体育学刊,2006,13(3):119-121.

[7]郝宁湘.模型论及其哲学思考[J].科学技术与辩证法,1999,16(3):17-21.

[8]胡亦海,武传钟,高平.对抗项群亚类项目竞技能力要素特征的比较研究[J].天津体育学院学报,2009(2):106-110.

[9]胡亦海,武传钟.对抗项目竞技能力层次要素特征的比较研究[J].武汉体育学院学报,2009(2):63-70,78.

[10]胡亦海,余帆.激流回旋项目运动素质基本结构的解析与启迪[J].成都体育学院学报,2004(5):69-72.

[11]金丽,顾丽燕.不同强度训练对男子皮划艇运动员血清睾酮水平的影响[J].武汉体育学院学报,2002,36(2):46-48.

[12]王卫星.2004年中国皮划艇运动员的体能训练特点与实践[J].山东体育学院学报,2005,21(2):5-8.

[13]徐菊生,陆健,文野,等.国家皮划艇队1999年冬训期暨高原训练阶段运动生理学和生物化学的监测与控制[J].武汉体育学院学报,2000(2):96-100.

[14]石爱桥.对中国女子皮艇队高原训练某些生理生化指标评定效果的研究[J].武汉体育学院学报,2000(2):101-105.

[15]崔大林.皮划艇项目训练科学化探索[J].北京体育大学学报,2004(12):1585-1591.

[16]吴昊,周琦年.皮划艇运动员身体机能特点与评定研究进展[J].浙江体育科学,2003(4):12-15,32.

[17]刘爱杰,袁守龙,曹景伟,等.我国皮划艇科学训练的探索[J].北京体育大学学报,2002(6):831-833,840.

[18]尚文元,常芸,刘爱杰,等.中国优秀皮划艇运动员有氧能力测试分析[J].中国运动医学杂志,2006(4):443-446.

[19]吴昊,徐菊生.中国优秀皮划艇运动员身体形态特征的研究[J].武汉体育学院学报,2004,38(1):73-74,79.

[20]尹小光,王卫星,张小虎.对皮划艇(静水)项目特征的研究[J].北京体育大学学报,2010(2):106-110.

[21]蒋英,季健民.皮划艇运动生理生化指标研究[J].体育科技文献通报,2011(2):41-42.

[22]裴艺,王飏,周美芳,等.皮艇运动员推进功率模式对专项成绩影响的数值仿真研究:以单人艇1000 m匀速划为例[J].中国体育科技,2011,47(2):90-99.

[23]吕晓昌,林琳,孙研红,等.我国皮划艇运动员参赛动机与意志品质状况及其关系研究[J].山东体育学院学报,2011,27(3):48-51.

[24]尹小光.备战2012年奥运会我国优秀划艇运动员体能训练研究[J].北京体育大学学报,2010(2):106-110.

[25]裴艺,魏文仪,刘爱杰.国际大赛中男女皮艇运动员划桨节奏的比较研究[J].上海体育学院学院,2005,29(3):54-59.

[26]刘大庆.运动员竞技能力非衡结构补偿理论[J].体育科学,2000,20(1):43-46.

[27]申霖,陈春梅.对2017版《运动训练学》教材训练方法理论体系的审视与研究[J].哈尔滨体育学院学报,2022,40(2):25-31.

[28]申霖.基于科学知识图谱的国内外训练原则研究差异[J].哈尔滨体育学院学报,2021,39(5):8-14.

[29]申霖,陈群青.对国内外训练控制方法理论的比较研究[J].湖北体育科技,2021,40

（5）：451-456.

[30] 申霖.国内外训练方法体系对比分析[J].中国体育教练员,2021,29(1):10-12,22.

[31] 申霖.对板块训练的理论与实践研究[J].山东体育学院学报,2019,35(1):
100-104.

[32] 黎涌明,申霖.能量供应与能量利用:不同运动水平男子皮艇运动员测功仪1000m模
拟比赛的能力差异[J].体育学研究,2018,1(3):79-86.

[33] 申霖.乳酸阈功率曲线的应用解析与研究[J].中国学校体育(高等教育),2018,5
(5):68-74.

[34] 申霖.优秀皮划艇运动员竞技状态特征模型的研究[J].军事体育学报,2017,36
(4):70-77.

[35] 申霖.美国VSP体能训练的功效性研究[J].沈阳体育学院学报,2017,36(3):
119-125.

[36] 申霖.广东皮划艇队两位德国教练员训练及监控手段的应用比较[J].中国体育科
技,2014,50(1):95-99,124.

[37] 申霖,吴玉彪.250m递增乳酸阈测试在广东省皮划艇队十一运会周期中的应用研究
[J].中国体育科技,2010,46(3):57-60.

[38] 申霖.十一运周期广东皮划艇队的训练安排特点与实践[J].广州体育学院学报,
2010,30(2):72-75,93.

[39] 张英波.体能主导类快速力量性项群运动员竞技能力状态转移的时空协同理论[J].
体育科学,2000(4):24-28.

[40] 陈小平.有氧与无氧耐力的动态关系及其对我国当前耐力训练的启示[J].体育科
学,2010,40(3):63-68.

[41] 胡亦海.竞技运动训练理论与方法作者[M].北京:人民体育出版社,2014.

[42] 胡亦海.竞技运动特征研究[M].北京:人民体育出版社,2014.

[43] 钟添发.运动员竞技能力模型与选材标准[M].北京:人民体育出版社,1994.

[44] 黎涌明,季健民,陈小平,等.4mM乳酸阈算法比较:以赛艇三级测试为例[J].体育
科学,2012,32(10):73-76.

[45] 梁海丹.中国优秀静水划艇运动员划桨技术的运动学分析[D].金华:浙江师范大
学,2006.

[46] 黎涌明.不同运动方式的能量代谢:共性与区别[J].体育科学,2013(12):81-86.

[47] 陈小平.运动训练生物学基础模型的演变:从超量恢复学说到运动适应理论[J].体
育科学,2017,37(1):3-13.

[48]田麦久.运动训练学(第二版)[M].北京:高等教育出版社,2017.

[49]张伟刚.科研方法导论(第二版)[M].北京:科学出版社,2019.

[50]王瑞元,周越.体育基础研究与应用研究的关系:体育科学研究中 R&D 模式:现状与展望[J].北京体育大学学报,2006,29(11):1441-1445,1452.

[51]王蕴红,张雪琳,赵明华.耐力运动对大鼠心肌 GR 和 MR 表达的影响[J].首都体育学院学报,2017,29(4):375-378.

[52]阮凌,郝选明,肖国强.不同模式低氧及递增负荷训练对心肌肌球蛋白重链表达的影响[J].浙江体育科学,2012,34(4):104-107.

[53]蒋丽,王迪,殷劲.世居高原中长跑运动员"高原-亚高原-平原"和"高原-平原"训练模式的对比研究[J].成都体育学院学报,2017,43(2):67-71.

[54]李云广,李大威.日本校园足球"走训制"训练模式及启示[J].体育文化导刊,2020(1):1-5,11.

[55]彭延春.我国职业篮球赛季制力量分期训练模式的研究[J].北京体育大学学报,2011,34(7):128-131.

[56]蒋宏伟.理顺脉络打通节点突破瓶颈:关于建立网球训练新模式的思考[J].北京体育大学学报,2011,34(6):1-8.

[57]薛亮,尤帮孟,霍兴华.女子散打运动员男性化技战术与专项体能相结合训练模式探讨[J].成都体育学院学报,2010,36(12):49-52.

[58]余银,胡亦海,高平,等.中国女子皮艇队 7 周"微缩大周期"训练负荷结构特征分析[J].北京体育大学学报,2017,40(10):120-126.

[59]白旭宇,袁梦兰.世居高原竞走运动员高原训练模式的研究[J].首都体育学院学报,2018,30(1):55-59.

[60]张力为.哪些研究问题需要用分层线性模型回答[J].天津体育学院学报,2002,17(1):33-38.

[61]张力为.哪些研究问题需要用结构公式模型回答[J].天津体育学院学报,2002,17(2):36-39.

[62]刘英,宋建君,王纯,等.武术散打运动员最佳竞技状态的形成与科学调控[C]//中国体育科学学会.第八届全国体育科学大会论文摘要汇编(1),2007.

[63]谢云,乔平均.高水平运动员奥运年度竞技状态的训练调控研究[J].北京体育大学学报,2011(7):121-124.

[64]李少丹.论竞技状态的复杂性[J].北京体育大学学报,2009,32(6):11-14.

[65]张庆春,刘自喜.论竞技能力与竞技状态的辩证关系[J].河北体育学院学报,2000,2

（14）：12-14.

[66]徐本力.关于竞技状态最优调控原则体系的初步构想[J].成都体育学院学报,1994,
2(20)：25-27,57.

[67]张卫强,叶国雄.关于竞技状态几个问题的探讨[J].成都体育学院学报,2014,9
(40)：44-49.

[68]高玉葵.训练—疲劳—恢复—最佳竞技状态[J].中国体育教练员,1995(4)：13-15.

[69]车晓波.现代竞技运动训练强度与竞技状态关系之"否定之否定"观[J].中国体育
教练员,2005(4):19-19.

[70]陈亮,吴瑛.运动员最佳竞技状态的培养与保持[J].中国体育教练员,2015(2)：
9-12.

[71]熊焰.竞技状态及其特征剖析[J].体育学刊,2004,11(3):128-130.

[72]刘建和,姜涛,李林.目前竞技状态研究中的几个问题[J].体育科学,2007,7(27)：
70-74,85.

[73]佘振苏,倪志勇.人体复杂系统科学探索[M].北京:科学出版社,2012.

[74]田野,王清,冯连世,等.优秀运动员运动训练科学监控与竞技状态调整[J].体育科
学,2008,9(28):3-11.

[75] LIDOR R, TENENBAUM G, ZIV G, et al. Achieving Expertise in Sport: Deliberate
Practice, Adaptation, and Periodization of Training[J]. Kinesiology Review,2016,5(2)：
129-141.

[76] BOMPA, TUDOR O. Theory and Methodology of Training[M]. Dubugue: Kendal/Hund
Publishing Company,1983.

[77] COUNSILMAN, JAMES E. The New Science of Swimming[M]. Benjamin-Cummings
Publishing Company,1994.

[78] IIGO, MUJIKA. The Alphabet of Sport Science Research Starts With Q[J]. International
Journal of Sports Physiology and Performance,2013,8(5):465-6.

[79] WINDT J,TAYLOR D, LITTLE D, et al. Making Everyone's Job Easier. How Do Data
Scientists Fit as A Critical Member of Integrated Support Teams? [J]. British Journal of
Sports Medicine,2020:1-3.

[80] OFOGHI B, ZELEZNIKOW J, MACMAHON C, et al. Data Mining in Elite Sports: A
Review and A Framework[J]. Measurement in Physical Education & Exercise Science,
2013,17 (3):171-186.

[81] BANISTER E W, CALVERT T W, SAVAGE M V, et al. A systems model of training for

athletic performance［J］. Au J Sports Med,1975,(7):57-61.

［82］PERL J. POT P:A Metamodel for Simulation of Load Performance Interaction［J］. Euro J Sport,2001,1(2):1-13.

［83］CALVERT T W,BANISTER E W,SAVAGE M V,et al. A Systems Model of the Effects of Training on Physical Performance［J］. Systems,Man and Cybernetics,IEEE Transactions on,1976,6(2):94-102.

附录1：

身体形态特征层次结构要素（仅作补充）

三级层次要素	四级层次要素	五级层次要素	六级层次要素	七级层次要素（空）	八级层次要素
长度	躯干		身高		身高
					身高:坐高（皮艇）
					身高:跪高（划艇）
			躯干长度		坐高（皮艇）
					跪高（划艇）
	四肢	上肢	上臂		臂展（指距）
					上肢长
					上臂长:手臂长
					上臂长:前臂长
			前臂		前臂长
					手掌长
					手指长
					前臂长:手臂长
					手掌长:手臂长
		下肢	大腿		大腿长
					大腿长:腿长
					大腿长:小腿长
			小腿		小腿长
					小腿长:腿长
			跟腱		跟腱长
					跟腱长:小腿长
					脚长

续表

三级层次要素	四级层次要素	五级层次要素	六级层次要素	七级层次要素（空）	八级层次要素
宽度	躯干		肩部		肩宽
					肩宽:坐高
			髋部		骨盆宽
					肩宽:骨盆宽
	四肢	上肢			手宽
					于宽:手长
		下肢			脚宽
					脚宽:脚长
围度	躯干		胸部		安静胸围
					紧张胸围
					安静-紧张胸围差
			腰部		腰围
					胸围:腰围
			髋部		臀围
					胸围:臀围
					腰围:臀围
	四肢	上肢	上臂		上臂紧张围
					上臂放松围
					上臂围:前臂围
					上臂围:腕围
			前臂		前臂围
					前臂围:腕围
			腕部		腕围
		下肢	大腿		大腿围
					大腿围:小腿围
					大腿围:踝围
			小腿		小腿围
					小腿围:踝围
			踝部		踝围

续表

三级层次要素	四级层次要素	五级层次要素	六级层次要素	七级层次要素(空)	八级层次要素
厚度	躯干				胸厚(胸廓前后径)
					肩胛部皮褶厚度
					腹部皮褶厚度
					髂部皮褶厚度
	四肢	上肢			上臂部皮褶厚度
		下肢			大腿部皮褶厚度
重量					空腹体重
					脂肪重
					瘦体重(去脂体重)
形状	躯干		体型		体型类别: 内胚层型(肥胖型)、外胚层型(细长型)、中胚层型(匀称型)、中间型
			脊柱		脊柱形状: (正常、驼背、鞍背、直背)
			胸廓		胸廓形状: 正常胸廓、鸡胸、扁平胸、桶状胸 漏斗胸、
	四肢	上肢			
		下肢	腿部		腿型: 正常、"O"型腿、"X"型腿、
			足部		足形: 正常、扁平足、高足弓形、

附录2:

优秀皮划艇运动员竞技能力特征指标重要程度调查表

尊敬的专家:

您好! 本课题拟对我国优秀皮划艇运动员竞技能力特征指标的评定展开研究,希望借助您在本专业精深的知识与造诣,按照您的理解对以下指标的重要程度在对应的分值栏中打"√"。十分感谢!

武汉体育学院 2011 级博士研究生 申霖

您的姓名:_____　　性别:_____　　职称:_____

从事教练或老师职业年限:_____

生理机能特征指标

类别		具体指标	不重要	不太重要			较重要			重要		很重要
			0	1	2	3	4	5	6	7	8	9	10
能量系统	有氧代谢系统	(皮划艇测功仪测试)最大摄氧量值											
		(皮划艇测功仪测试)通气阈值											
		(皮划艇测功仪测试)次最大运动负荷值											
		(水上专项测试)个体乳酸阈 IAT 值											
		(水上专项测试)4 mmol/L 乳酸阈(AT4)值											
		(水上专项测试)最大乳酸稳态 MLSS 值											
		血睾酮 T/皮质醇 C 值											
	无氧代谢系统	(皮划艇测功仪测试)最大氧亏积累值											
		(皮划艇测功仪测试)疲劳百分数(疲劳%)值											
		(水上专项测试)最大乳酸积累值											
		30 s 最大强度划船运动后血乳酸值											
		血清肌酸激酶 CK 值											
		10 s 划船动作最大功量值											
		10 s 划船动作平均功量值											
		3 s 划船动作最大功量值											
		3 s 划船动作平均功量值											

生理机能特征指标

类别	具体指标	不重要	不太重要			较重要			重要			很重要
		0	1	2	3	4	5	6	7	8	9	10
心肺系统	每搏输出量											
	血压											
	总外周阻力指数 TPRI 值											
	静息心率											
	最大心率											
	肺活量											
	连续肺活量											
	时间肺活量											
	最大通气量											
	通气/血流比值											
	动静脉氧差值											
	肌糖原含量											
	有氧代谢供能能力性											
	肌纤维类型： Ⅰ型肌纤维、Ⅱa型肌纤维、Ⅱb型肌纤维											
	水比重值											
	白蛋白含量值											
	铁离子数量值											
	红细胞数量值											
	血红蛋白含量 Hb 值											
	淋巴细胞值											
	血小板计数值											
	血尿素 BUN											

生理机能特征指标

类别		具体指标	不重要	不太重要			较重要			重要			很重要
			0	1	2	3	4	5	6	7	8	9	10
神经系统	中枢神经系统	划桨动作学习能力性											
		划桨技能储备能力											
		船艇平衡感功能性											
		划桨动作肌肉运动共济性											
		划桨动作节奏与协调性											
		划桨姿势反射维持性											
		人体船艇位置调控性											
		屈肌反射性											
		对侧伸肌反射性											
		牵张反射性（腱反射和肌紧张）											
	周围神经系统	感觉神经兴奋性											
		感觉神经抑制性											
		运动神经兴奋性											
		运动神经抑制性											
		混合神经兴奋性											
		混合神经抑制性											
		脊神经功能兴奋性											
		脊神经功能抑制性											
		交感神经兴奋性											
		交感神经抑制性											
		副交感神经兴奋性											
		副交感神经抑制性											
		内脏感觉神经兴奋性											
		内脏感觉神经抑制性											

生理机能特征指标

类别		具体指标	不重要	不太重要			较重要			重要			很重要
			0	1	2	3	4	5	6	7	8	9	10
肌肉系统	骨骼肌系统	划行中头颈肌稳定性											
		划行中头颈肌支撑性											
		躯干肌肌纤维类型											
		躯干肌肌肉弹性											
		划桨动作躯干肌神经肌肉控制性											
		划桨动作躯干肌肌内协调性											
		划桨动作躯干肌肌间协调性											
		*躯干肌肌纤维类型											
		躯干肌肌肉围度											
		*划桨动作躯干肌神经肌肉控制性											
		*划桨动作躯干肌肌内协调性											
		*划桨动作躯干肌肌间协调性											
		躯干支持体形(躯干肌外形)											
		划行中身体平衡控制能力性											
		划行中动作姿态保持能力性											
		四肢肌肌纤维类型											
		四肢肌肌肉弹性											
		划桨过程中四肢肌神经肌肉控制性											
		划桨过程中四肢肌肌内协调性											
		划桨过程中四肢肌肌间协调性											
		*四肢肌肌纤维类型											
		四肢肌肌肉围度											
		*划桨过程中四肢肌神经肌肉控制性											
		*划桨过程中四肢肌肌内协调性											
		*划桨过程中四肢肌肌间协调性											
		四肢肌支持体形(四肢肌外形)											
		划行中四肢肌平衡控制能力性											
		划行中四肢肌姿态保持能力性											

运动素质特征指标

类别		具体指标	不重要	不太重要			较重要			重要		很重要
			0	1	2	3	4	5	6	7	8	9	10
力量	力量耐力	(一般)10″左右(3～10 次)中大负荷卧推值											
		(一般)10″左右(3～10 次)中大负荷卧拉值											
		(专项)水上划 10″桨下力量保持能力性											
		(一般)30″～90″(20～50 次)中小负荷卧推值											
		(一般)30″～90″(20～50 次)中小负荷卧拉值											
		(专项)水上划 30″-90″桨下力量保持能力性											
		(一般)2′～4′(50～100 次)中小负荷卧推值											
		(一般)2′～4′(50～100 次)中小负荷卧拉值											
		(专项)水上划 2′～4′桨下力量保持能力性											
		水上静态平衡力量能力性											
		水上动态(恢复)平衡力量能力性											
	速度力量	(一般)上肢拉功率值											
		(一般)上肢推功率值											
		(一般)蹬转功率值											
		(一般)立定跳远值											
		(一般)前抛实心球远度值											
		(专项)起航桨下最大功率值											
	最大力量	(一般)1RM 最大卧推值											
		(一般)1RM 最大卧拉值											
		(一般)仰卧起最大负重值											
		(一般)背起最大负重值											
		(一般)最大握力值											
		(专项)起航阶段桨下最大力值											
		(专项)加速阶段桨下最大力值											
		(专项)途中阶段桨下最大力值											
		(专项)冲刺阶段桨下最大力值											
		(一般)1RM 最大负重引体值											
		(一般)1RM 最大负重双杠臂屈伸值											

运动素质特征指标

类别		具体指标	不重要	不太重要			较重要			重要			很重要
			0	1	2	3	4	5	6	7	8	9	10
耐力	无氧耐力	(一般)60 m 跑时间											
		(专项)50 m 划时间											
		(一般)350 m 跑时间											
		(专项)250 m 划时间											
	有氧耐力	(一般)3000 m 跑时间											
		(专项)2000 m 划时间											
		(一般)长距离跑成绩											
		(专项)5000 m 划时间											
		(专项)12000 m 划时间											
		(一般)超长距离跑成绩											
		(专项)水上马拉松划时间											
速度	动作速度	入水瞬时艇速值											
		拉桨瞬时艇速值											
		出水瞬时艇速值											
		回桨瞬时艇速值											
		躯干旋转角速度值											
		上肢环节(推位)运动角速度值											
		下肢环节(蹬伸)运动角速度值											
		起航阶段桨频值											
		加速阶段桨频值											
		途中阶段桨频值											
		冲刺阶段桨频值											
	位移速度	起航阶段艇行进平均速度值											
		加速阶段艇行进平均速度值											
		途中阶段艇行进平均速度值											
		冲刺阶段艇行进平均速度值											
		起航阶段艇加速度值											
		加速阶段艇加速度值											
		途中阶段艇加速度值											
		冲刺阶段艇加速度值											
	反应速度	划行中简单情况身体反应速度性											
		划行中复杂情况身体反应速度性											

运动素质特征指标

类别	具体指标	不重要	不太重要			较重要			重要		很重要
		0	1	2	3	4	5	6	7	8	9	10
柔韧	（一般）躯干伸展度											
	（一般）四肢伸展度											
	（一般）动态躯干伸展度											
	（一般）动态四肢伸展度											
	（专项）划桨动作躯干伸展度											
	（专项）划桨动作四肢伸展度											
	（专项）划桨动作动态躯干伸展度											
	（专项）划桨动作动态四肢伸展度											

专项技术特征指标

类别	具体指标	不重要	不太重要		较重要			重要			很重要
		0	1	2	3	4	5	6	7	8	9	10
基本技术	个人选桨能力性											
	握桨动作质量性											
	个人调艇能力性											
	坐姿(跪姿)动作质量性											
	个人选位能力性											
水上技术 / 单桨技术	桨出水点角度值											
	桨出水点与桨手躯干(矢状轴与额状轴)距离值											
	桨还原点角度值											
	桨还原点与桨手躯干(矢状轴与额状轴)距离值											
	伸桨点角度值											
	伸桨点与桨手躯干(矢状轴与额状轴)距离值											
	桨入水点角度值											
	桨入水点与桨手躯干(矢状轴与额状轴)距离值											
	桨垂直点桨入水深度值											
	桨垂直点拉桨速度值											
	(划艇)桨操向点角度值											
	(划艇)桨操向点(矢状轴与额状轴)距离值											
多桨技术	起航、加速、途中、冲刺阶段桨频											
	起航、加速、途中、冲刺阶段桨数											
	起航、加速、途中、冲刺阶段时间											
	发力顺序经济性											
	桨运行路线合理性											
	划桨重心(上下、左右)波动幅度值											
	划桨动作(用力、时间、呼吸)节奏质量性											
	左右桨(划艇每桨)动作对称性											
	左右桨(划艇每桨)效果一致性											
	前后桨手每桨动作对称性											
	前后桨手每桨动作一致性											

专项战术特征指标

类别		具体指标	不重要	不太重要			较重要			重要		很重要
			0	1	2	3	4	5	6	7	8	9	10
直道战术	心理战术	皮划艇比赛经验水平										
		皮划艇比赛规则熟悉水平										
		熟悉对手水平										
		皮划艇专项智能水平										
		心理素质稳定性水平										
		自我行为控制能力水平										
	体能分配战术	皮划艇专项体能水平										
		皮划艇专项技能水平										
		皮划艇专项理论水平										
		划桨节奏控制水平										
		划桨配合熟练水平										
		信任同艇队友水平										
		皮划艇比赛现场应变能力水平										
		皮划艇比赛场地熟悉程度										
		借浪与反借浪能力水平										

专项心智特征指标

类别		具体指标	不重要	不太重要			较重要			重要			很重要
			0	1	2	3	4	5	6	7	8	9	10
心能	个性心理	在专业队的生活过程中的归属感水平											
		在专业队的生活过程中所感到的爱水平											
		在专业队的生活过程中获得的尊重水平											
		在专业队的生活过程中获得的自尊水平											
		在专业队的生活过程中自我实现水平											
		对从事皮划艇运动的内在动机水平											
		对从事皮划艇运动的外在动机水平											
		对皮划艇运动的直接兴趣水平											
		对皮划艇运动的间接兴趣水平											
		皮划艇专项认识水平											
		皮划艇专项操作水平											
		社交能力水平											
		多血质因素表现水平											
		黏液质因素表现水平											
		胆汁质因素表现水平											
		抑郁质因素表现水平											
		理智表现特征水平											
		情绪表现特征水平											
		意志表现特征水平											

专项心智特征指标

类别		具体指标	不重要	不太重要			较重要			重要			很重要
			0	1	2	3	4	5	6	7	8	9	10
心能	心理过程	皮划艇专项综合型观察力水平											
		皮划艇专项分析型观察力水平											
		皮划艇专项综合-分析型观察力水平											
		划桨视觉注意力水平											
		划桨听觉注意力水平											
		划桨触觉辅从注意力水平											
		划桨语听注意力水平											
		划桨视触注意力水平											
		皮划艇专项概念记忆水平											
		皮划艇专项行为记忆水平											
		皮划艇专项再造想象力水平											
		皮划艇专项创造想象力水平											
		对皮划艇专项的正向情感水平											
		对皮划艇专项的负向情感水平											
		对他人的正向情感水平											
		对他人的负向情感水平											
		对自我的正向情感水平											
		对自我的正向情感水平											
		对特殊事物的正向情感水平											
		对特殊事物的负向情感水平											
		皮划艇专项训练自觉性水平											
		皮划艇专项训练果断性水平											
		皮划艇专项训练坚持性水平											
		皮划艇专项训练自制性水平											

专项心智特征指标

类别		具体指标	不重要	不太重要			较重要			重要			很重要
			0	1	2	3	4	5	6	7	8	9	10
智能	空间智能	划桨时间知觉水平											
		划桨空间知觉水平											
		划行中空间位移知觉水平											
		划行中位移速度知觉水平											
		划行中形状知觉水平											
		划行中大小知觉水平											
		划行中深度知觉水平											
		划行中距离知觉水平											
		划行中方位知觉水平											

附录3:

优秀皮划艇运动员竞技能力特征指标重要程度调查表

(第二轮)

尊敬的专家:

您好!本课题拟对我国优秀皮划艇运动员竞技能力特征指标的评定展开研究,以下指标是经过若干皮划艇项目的专家评分后,按照权重筛选出的结果,在此希望借助您在本专业精深的知识与造诣,按照您的理解对以下指标的重要程度作出进一步的评定,请在对应的分值栏中打"√"。十分感谢!

武汉体育学院 2011 级博士研究生 申霖

您的姓名:_____ 性别:_____ 职称:_____

从事教练或老师职业年限:_____

一轮筛选后生理机能部分特征指标

	具体指标	不重要	不太重要			较重要			重要			很重要
		0	1	2	3	4	5	6	7	8	9	10
1	(水上专项测试)4 mmol/L 乳酸阈(AT4)值											
2	船艇平衡感功能性											
3	(水上专项测试)最大乳酸积累值											
4	划桨动作躯干肌肌内协调性											
5	(水上专项测试)个体乳酸阈 IAT 值											
6	划桨动作肌肉运动共济性											
7	划桨动作躯干肌神经肌肉控制性											
8	血睾酮 T/皮质醇 C 值											
9	有氧代谢供能能力性											
10	划行中身体平衡控制能力性											
11	划行中四肢肌平衡控制能力性											
12	划行中四肢肌姿态保持能力性											

一轮筛选后运动素质部分特征指标

	具体指标	不重要	不太重要			较重要			重要			很重要
		0	1	2	3	4	5	6	7	8	9	10
1	（专项）水上划30″90″桨下力量保持能力性											
2	（专项）水上划2′4′桨下力量保持能力性											
3	（专项）途中阶段桨下最大力值											
4	（专项）冲刺阶段桨下最大力值											
5	出水瞬时艇速值											
6	冲刺阶段桨频值											
7	途中阶段艇行进平均速度值											
8	（专项）划桨动作动态躯干伸展度											
9	加速阶段艇行进平均速度值											
10	专项桨动作动态四肢伸展度											

一轮筛选后技能与心能部分特征指标

	具体指标	不重要	不太重要			较重要			重要			很重要
		0	1	2	3	4	5	6	7	8	9	10
1	桨运行路线合理性											
2	发力顺序经济性											
3	划桨动作（用力、时间、呼吸）节奏质量性											
4	起航、加速、途中、冲刺阶段时间											
5	划桨重心（上下、左右）波动幅度值											
6	自我行为控制能力水平											
7	信任同艇队友水平											
8	起航、加速、途中、冲刺阶段桨频											
9	划桨节奏控制水平											
10	划桨配合熟练水平											
11	皮划艇专项训练自制性水平											

填写日期：

附录4：

优秀皮划艇运动员竞技能力主因素特征指标认同度调查表

尊敬的教练员、专家：

您好！本课题拟对我国优秀皮划艇运动员竞技能力特征指标的评定展开研究，您是皮划艇项目方面的专家，对优秀皮划艇运动员竞技能力的理解具有丰富的知识与经验。以下指标是经过若干皮划艇项目的专家两轮评分评定后，按照权重筛选出的结果，在此希望得到您对下列筛选后指标的意见。十分感谢！

武汉体育学院2011级博士研究生　申霖

您的姓名：＿＿＿＿＿　性别：＿＿＿＿　职称：＿＿＿＿＿

填写说明：

（1）对每个代表性指标，如您认同，请在同意栏中划"√"；如不认同，请在不同意栏上划"√"。

（2）如果没有备选答案，请在指标最后或问卷最后的横线上写您的补充意见。

目标一层	目标二层	因子命名	代表性因子	同意	不同意	修改意见
体能	生理机能	有氧功因子	（水上专项测试）4 mmol/L 乳酸阈（AT4）值			
		无氧功因子	30 s 最大强度划船运动后血乳酸值			
		心功因子	最大心率			
		肌稳定功因子	划行中身体平衡控制能力性			
	运动素质	力量因子	（专项）途中阶段桨下最大力值			
		耐力因子	（专项）12000 m 划时间			
		速度因子	途中阶段艇行进平均速度值			
		柔韧因子	（专项）划桨动作动态四肢伸展度			
技能	专项技术	节奏因子	起航、加速、途中、冲刺阶段桨频			
	专项战术	战术因子	借浪与反借浪能力水平			
心能	专项心智	心理功因子	皮划艇专项训练自制性水平			
		智力功因子	划桨空间知觉水平			

补充建议：＿＿＿＿＿＿＿＿＿＿＿＿＿＿＿＿＿＿＿＿＿＿＿＿＿＿＿＿＿＿

附录 5：

250 m 递增乳酸阈测试过程与方法

（一）分析对象：皮划艇静水项目运动员

（二）分析仪器与试剂：

（1）分析仪器:美国产 YSI-1500SPORT 乳酸分析仪、美国产 NK-SpeedCoach Xl 心率表。

（2）测试试剂:乳酸仪配套试剂。

（3）标准液、缓冲液和酶膜。

（三）血样采集及分析：

正式测试过程中,采集时间为运动员划过终点后,在之后的 2~3 分钟内完成,血液采集部位为指尖,当运动员血样采集完毕后装入事先按出发顺序编好编号的试剂瓶,等全部测试运动员的血样采集完毕后,将血样带回到实验室中,用血乳酸分析仪进行血样分析。

（四）测试步骤与程序：

（1）测试人员与分工:起点发令员 1 人;终点记时员 1~2 人;全程技术录相 1 人;根据每组出发人数,确定记录运动员全程桨数者若干(如 3 名队员一组出发,则需 3 名记录人员一对一的记录全程桨数);记录桨频者 1~2 人。

（2）测量实时水温、每组实时风向和风速。

（3）要求运动员按照五级强度开始测试,具体要求如表 1;运动员每次通过终点后由专人开表记录运动员过终点后的停顿时间,要求队员在 2~3 min 内完成采取血样工作。

（4）记录下每名队员每组的时间、途中桨频、全程桨数与心率。

表 1　递增 250 m 乳酸阈测试要求

	第 1 组	第 2 组	第 3 组	第 4 组	第 5 组
强度	技术划	强度 1	强度 2	最大强度	技术划
桨频:	<强度 1	男皮 62~76 桨/分 女皮 58~72 桨/min 划艇 34~40 桨/min	男皮 76~90 桨/min 女皮 72~86 桨/min 划艇 41~48 桨/min	最高	<强度 1
心率:	<强度 1	140~170 桨/min	170~190 桨/min	>180 桨/min	<强度 1
乳酸值:	1.5~2.5 mmol/L	2.5~4 mmol/L	3~7 mmol/L	最大	个人情况

（5）将队员成绩按照温度风速风向换算表进行换算,将每次的测试结果全都换算成统一的标准条件(水温:30 ℃、风速:3 m/s、风向:正顺)见表2;水温每升高或降低2.5 ℃,250 m 的测试成绩增加或减去0.25 s。

表2　250 m 风速风向换算表(以风速1 m/s 时情况为例)

顶风	0°	45°	90°
1 m/s	-0.6	-0.5	-0.12
顺风	0°	45°	90°
1 m/s	0.5	0.37	-0.12

（6）整理数据,将每名队员换算后的测试结果用指数回归法求本次测试的乳酸阈值,与上次结果进行比较,并根据两次乳酸阈曲线图,结合其它训练学测试数据进行综合分析,对前一阶段的训练作为评价,并对下一阶段的训练计划作出调整。